아으, 소록도

아으, 소록도

1판 1쇄 발행 2025년 9월 19일

저자 조안영

편집 문서아   마케팅・지원 이창민

펴낸곳 (주)하움출판사   펴낸이 문현광

이메일 haum1000@naver.com   홈페이지 haum.kr
블로그 blog.naver.com/haum1000   인스타그램 @haum1007

ISBN 979-11-7374-189-0 (03910)

좋은 책을 만들겠습니다.
하움출판사는 독자 여러분의 의견에 항상 귀 기울이고 있습니다.
파본은 구입처에서 교환해 드립니다.

이 책은 저작권법에 따라 보호받는 저작물이므로 무단전재와 무단복제를 금지하며,
이 책 내용의 전부 또는 일부를 이용하려면 반드시 저작권자의 서면동의를 받아야 합니다.

아으, 소록도

* 본문에 사용된 사진은 국립 소록도병원, 이남철, 강선봉님으로부터 제공받았으며, 책의 제목은 심전황의 책, [소록도 반세기], [아으, 70년]에서 차용했다.

獻詞

―

  이글은 환자와 의사로 만나, 친구가 된 한 인물에게 바치는 추도사이다. 그리고 시나브로 자만에 빠져있던 나에 대한 반성문이기도 하다.

  "한센병은 낫는다"는 표어가 그때는 희망을 줬을지 모르지만, 지금에 와서는 가학적일 수 있다는 생각이 들었다. 한센병이 나았다고, 그들 마음속에 흉터를 모른 척하는 이유가 되지 않았으면 좋겠다. 상처가 낫더라도 흉터는 남는다. 상처가 크고 오래되었으면, 흉터는 더욱 크고 때론 통증과 소양증을 동반하며, 때론 진물이 나기도 한다. 그렇다면 그게 정말 나은 것인가, 싶다.

  어렵게 마음의 문을 열어준 친구이자 환자를 떠나보내는 마음은 혼란스럽고, 절망적이며, 후회스럽고 슬프다. 그런 나의 마음을 꾹꾹 눌러놓고, 다시 그의 삶과 마음이 어땠을지 생각하며 글을 썼다. 의사로서 이곳에 오기 전의 20여 년과 이곳에서의 4년은 참 많이 다르다. 배운 것도 많고, 깨우친 것도 많다. 그 대부분은 이곳의 환자로부터 오는 것이다. 의사로서 이끌어야 하는 부분과 인간으로서 이끌리는 부분 사이에서 방황도 하지만, 꽤 괜찮은 의사-환자 관계를 이루며 감사한 생활을 하고 있다. 그중 많은 깨우침의 시작이 그에게서 온 것이었다. 그의 호의와 감사를 어떻게 갚아야 할지, 계속 생각하겠다. 진심으로 벗의 명복을 빈다.

차례

1장 소록도, 그 경치와 정치

1 당신들의 천국 — 12
2 한센병 그리고 사람 — 18
    소록도의 시작 — 18
    하나이 원장 — 23
    스오 원장 — 26
    84인 학살 사건 — 31
    김형태 원장과 김상태 원장 — 33
    조창원 원장과 오마도 간척사업 — 36
3 지금, 여기, 우리 — 39

2장 서사와 치유

1 서론 — 50
2 연구 방법 — 54
3 오지 마라, 네 조카가 걱정이다 — 56
    격리와 고립 — 56
    언제 낫겠소? — 58
    잊으려 열심히 일했어요 — 60

오지 마라, 네 조카가 걱정이다	62
여기서 죽고 싶지 않다	64
중이 지는 싸움	67
자원봉사자	68
문화 예술 활동	69

4 소록도 인간 박물관 — 71

소록도 인간 박물관	71
감나무가 많은 이유	74
소록도에서의 성장기	74
장례식	77
그가 기억하는 많은 사람	80
발병과 입원까지	81

5 구술 서사와 서사 문학 —————— 83
6 정서중심, 표현예술 치료 : 인간중심 접근으로 — 88
7 결론 ————————————— 91

3장 한센병 문학

1 들어가며 —————————————— 98
2 한센병 문학: 의료 서사 또는 한센병 체험 소설 — 100
3 강선봉의 '천국' ————————————— 104
4 강창석의 '엄니' ————————————— 115
5 소설의 탄생 ——————————————— 127
6 나오며 ————————————————— 135

4장 의료 서사로 본 소록도

1 시작하며 ———————————————— 142
2 연구 방법으로서 내러티브 탐구 ——————— 147
3 소록도, 반세기 ————————————— 152
4 모여 삶 ————————————————— 156
5 선교와 헌신 ——————————————— 166
6 환자가 환자를 치료하는 의료정책 —————— 173
  의학강습소 출신 의료요원 A ————————— 175
  의료조무원 B의 구술서사 —————————— 177

7 소록도의 높이 —————————————— 187
8 소록도의 깊이 —————————————— 190
9 또 다른 감염병의 도래와 소통 ——————— 195
10 마치며 ——————————————————— 199

5장 공공의료라는 동상

1 공공의료와 임기제 공무원 ————————— 206
2 정치방역, 심평의학 그리고 관료적 의료 ——— 211
3 감시와 처벌, 방역과 통제 ————————— 215
4 공중보건의사와 공공의료기관 ——————— 220
5 공무원 의사와 의사 공무원 ————————— 225
6 민주주의 사회 속의 공공(사회주의)의료 ——— 232
7 공공의료의 발전사 ————————————— 242
    대한제국 시대(1897~1910) ·························· 243
    국권피탈 시대(1910~1945) ·························· 243
    대한민국 시대(1945~) ································· 244

1장

소록도,
그 경치와
정치

당신들의 천국

조창원

1961년 5·16 군사 정변 이후, 석 달이 지난 1961년 8월 24일에 조창원 대령이 권총을 차고 소록도에 부임하였다. 그는 '나병은 낫는다'라는 메시지를 통해 환자와 사회의 인식 변화를 위해 노력하였다. 강제 단종수술(정관수술)을 폐지하고 철조망을 제거하여 환자와 직원 간의 경계를 없앴다. 1962년에는 환자와 직원들로 구성된 축구팀을 결성하여 고흥 군민대회에서 우승을 거두고 도 선수권대회에 출전했다.

그는 오마도라는 무인도를 간척하여 한센인들에게 새로운 정착지를 제공하고자 환자들을 설득하였다. 많은 역경이 있었으나, "내 뒤에는 60만 대군이 있다"라는 발언과 함께 이 사업을 강하게 밀어붙였으나,

뜻을 이루지 못하고 1964년 3월 7일 다른 지역으로 근무지를 옮기게 되었다. 오마도 간척지는 1964년 고흥군에 이관되었고, 1988년에 고흥군민에게 불하되었다. 오마도 간척공사 과정에서 많은 환자들이 노역에 동원되어 부상 당하거나 사망하였다.

소록도 자혜의원은 1916년에 개원하였으며, 2대 원장 하나이 젠키치는 한센인들에게 헌신적인 태도로 칭송을 받았고, 소록도에서 사망했다고 알려진다. 그의 사후, 환자들은 스스로 송덕비를 세워 그를 기렸다. 4대 원장 스오 마사스는 자신의 동상을 세우고 참배를 강요하는 등 권위를 행사하다가 원생 이춘상에게 살해되었다.

스오 원장이 제공하겠다고 한 낙토에 감동한 환자들은 소록도의 토목 및 건축공사에 동원되었으나, 그 과정은 강압적인 노동으로 전락하여 환자들의 희생과 불만이 커져갔다. 소록도 중앙에는 공원이 세워졌고, 이는 스오의 업적으로 칭송받았다. 이후 그는 자신의 동상을 세워 참배하도록 강요하게 되었고, 결국 이춘상이라는 환자에 의해 살해되었다. 이러한 경험을 한 환자들은 조창원이 그들에게 약속한 낙토를 만들어주겠다는 계획에 대해 의심을 품을 수밖에 없었다. 결국, 조창원 원장은 외부의 정치적 압력에 의해 다른 곳으로 이전하게 되었고, 그가 약속한 오마도 간척지는 고흥군민에게 빼앗기게 된다. 이런 시대적 배경이 [당신들의 천국]의 소재이다.

스오 원장 시대와 조창원 원장 시기 사이, 즉 해방 직후에는 병원 운영권과 재원을 두고 직원과 환자 간에 갈등이 발생하고, 이 과정에서

84명의 환자가 직원과 녹동 치안유지대에 의해 잔혹하게 살해되는 일도 있었다.

소설에서 조백헌의 모델로 등장하는 조창원 원장은 2대 원장인 '하나이'와 4대 원장인 '스오'의 모습을 모두 지닌 인물로 보인다. 주인공이 실제 인물이었다는 점이 소설에 미친 영향은 명확하지 않지만, 조창원 원장은 '환자를 위해' 수행한 일들로 인해 고뇌하고 오해받는 존재로 묘사된다. 그러나 표면적으로 그는 '환자를 이용하여 간척사업을 진행하고 고흥군민에게 헌납'하는 결과를 초래한다. 그의 과업과 업적을 이루려는 열정을 바라보며, 소설 속 보건과장 이상욱은 조백헌(조창원) 원장이 이루려는 성과가 과거 스오의 '동상'과 같다고 비난한다. 조백헌과 대립하는 이상욱은 한센병 환자인 부모에게서 태어난 인물로, 당시에는 미감아(아직 감염되지 않은 아동)라는 명칭으로 불리었지만, 그는 환자와 정상인(직원) 중 어디에도 속하지 않거나 둘 모두에 속하는 존재이다. 그는 소설 속에서 의사이자 권력자로 대변되는 조백헌과 환자이자 피지배자로 대변되는 황희백 장로 사이에서 위치한다. 끊임없이 조백헌을 의심하며 그가 건설하고자 하는 낙토, 즉 천국을 의심한다. 천국은 죽음을 의미하는 땅이며, 동시에 젖과 꿀이 흐르는 생명의 근원인 낙원으로 해석될 수 있다. 각자가 생각하는 천국의 모습이 다를 텐데, 누군가에게 천국을 지어주는 것이 가능한가? 결국 그 천국은 짓는 사람의 천국일 수밖에 없다는 점을 동상이라는 상징을 들어 이야기한다. 스오가 만들어주겠다고 제안한 낙토는 환자들이 기대한 것과는 거리가 있었다. 주정수(스오)의 진심은 조백헌(조창원)의 진심과 어떻게 달랐을까? 소설 속의 조백헌은 환자들과의 약속을 지키기 위해 7년 후 민간인으로 소록도에 돌아온다. 반면, 현실의 조창원은 6년 후 민간인 원장으로 복귀하여 3년 11개월 더 근무하였다. 소설은 민간인이 된 조백헌이 서미연(미감아 보육소 선생님)과 윤해원(미감아 보육소 남자 선생님으로 병원 40년 역사에서 건강한 직원이 발병한 한센병 환자)의 결혼식 축사를 연습하는 장면으로 끝난다. 이 둘의 결혼은 상징적인 화해나 봉합을 의미하겠지만, 소설이 결혼식이 시작됨에도 불구하고 축사 연습에만 집중하는 장면으로 마무리되어, 그 과정이 미완으로 남을 수밖에 없음을 시사한다.

이청준의 [당신들의 천국]은 1976년에 출간되었으며, 조창원 원장이 부임한 1961년부터 그가 민간인으로 다시 돌아온 1974년까지의 이야기를 담고 있다. [당신들의 천국]에 과거 배경으로 등장하는 1916년부터 1945년까지의 일제강점기 스오 원장과 이춘상의 소록도 이야기는 윤정모 작가에 의해, 1986년 [그리고 함성이 들렸다]라는 소설로 자세히 소개되었다. 두 작품은 소록도를 배경으로 한 대표적인 명작으로 평가된다. [당신들의 천국]이 소록도를 개발독재 시기의 한반도에 빗대어 은유적으로 서술한 작품이라면, [그리고 함성이 들렸다]는 일제강점기 수탈의 역사 현장을 소록도의 생활사와 사건들을 통해 은유적으로 담고 있다.

'국가 재건 사업'이라는 명목 아래 이루어진 '개발 독재'와 일제강점기 '황국신민화'라는 기치에 따라 자행된 '무단 통치, 식민 지배'는 소록도를 배경으로 한 두 소설에서 지배자와 피지배자 간의 대립 구조를 근본으로 하고 있다. 이 소설들에는 환자, 원장, 직원과 같은 인물, 그리고 병원이라는 공간이 등장한다. 그 속에 의료는 지배의 도구와 박해의 수단으로만 존재한다는 사실은 (의사이자 작가인) 필자에게 깊은 반향을 일으켰다. 최근 공공 의료의 의미에 대한 논의가 활발히 이루어지는 가운데, 소록도(의 역사)는 공공 의료의 본질에 대해 참고가 될 많은 요소를 함유하고 있다. 과거와 그로부터 이어져 온 실상을 접하면서 복잡하고 혼란스러운, 다양한 사유를 하게 된다.

1967년, 솔제니친은 자신의 입원 경험(그는 1953년 복강의 종양 때문에 카쉬겐트의 병원에서 치료를 받았다)을 바탕으로 러시아 변방의 공공 병원에 대한 다양한 인물을 묘사한 소설 [암병동]을 썼다. 이 소설에는 피지배자로서의 환자가 등장하지 않는다. 질병과 마주하는 환자, 의사, 병원의 다양한 직역과 그들의 가족이 당시(사회주의) 의료 환경 속에서 겪는 애환과 질병에 직면한 인간의 본성에 관한 다양한 이야기들이 있다. 이런 일상의 이야기들로 관료적인 사회주의(의료 체계)의 문제를 고발했다. 앞서 언급한 두 소설은 소록도라는 공간에서 벌어진 권력 또는 정치 서사에 가까워, 의료 서사가 결핍되어 있다는 아쉬움이 있다. [암 병동]은 1970년에 솔제니친이 노벨 문학상을 받는데 크게 기여했다.

소설 [당신들의 천국]의 주요 등장인물은 다음과 같다.
조백헌 대령(조창원 원장)은 의무 장교로 부임하여 군인 겸 의사로서 나약한 환자들의 정신을 개조하고자 한다.

이상욱 보건 과장(화자)은 어릴 적 부모의 권유로 이 섬을 떠났고, 조백헌과 대립하며 그가 일제강점기 주정수(스오) 원장처럼 자신만의 동상을 세운다고 비난한다.

서미연은 미감아 보육소 선생님이며, 윤해원은 미감아 보육소의 남자 교사로서 병원 40년 역사에서 건강인 지대 병원 직원으로 발병한 최초의 인물이고, 3년 만에 완치된다.

주정수(스오 원장)는 30년 전 악명 높은 일본인 원장으로, 이순구(박순주)는 주정수 시절 일본인보다 더한 한국인 간부로 아이를 몰래 낳아 숨겨 기르다가 이웃과 섬 주민들의 은밀한 배려 속에 섬을 내보낸 인물이기도 하다.

사또 간호장은 주정수에게 아부하며, 환자들을 핍박하는 인물로, 그의 업적을 기리기 위해 동상을 세우자며 선동한다.

이춘성(이춘상)은 주정수를 제거하기 위해 의협심을 강하게 발휘하는 인물이며, 황희백(황시백) 장로는 소록도의 배반의 역사를 잘 알고 있는 환자들의 원로이자 지도자이다.

2 한센병 그리고 사람*

소록도의 시작

　세종 27년(1445년)부터 나병을 전염병으로 인식하고 제주도에 나병 진료소를 설치하여 격리, 구호, 치료하기 시작했으며, 군역을 면한 승려들이 의생과 함께 치료에 전념하도록 했다는 기록이 조선왕조실록에 전해진다. 서양에서는 1854년에 나병 치료제로 대풍자유(Chulmoogra Oil)가 소개되었고, 1873년에는 노르웨이의 의사 한센에 의해 나병의 원인균이 발견되었다. 대풍자유는 대풍자나무(Hydnocarpus anthelmintica Pierre)와 같은 속 근연식물(Flacourtiaceae)의 씨앗에서 추출한 기름으로, 1940년대 초까지 나병 치료에 있어 유일한 약제로 사용되었으나 기원은 불명확하다. Rogers라는 사람이 인도에서 처음 사용

---

* 국립소록도병원. [한센병 그리고 사람, 백년의 성찰] 2017.5.을 요약하고 편집했다.

했다는 전통이 전해진다. 우리나라 근대 의학의 관점에서 나병에 대한 최초의 언급은 1886년 제중원에서 의료 선교를 하던 알렌과 헤론의 보고서에서 확인할 수 있다. 이들은 개항 이후 우리나라에 의료 선교사로 부임하여 서양 의술을 전했고, 그들이 미국 북장로회 해외선교 본부에 제출하기 위해 작성한 [조선 정부 병원, 제1차 년도 보고서]에는 나환자에 대한 치료 기록이 포함되어 있다. 1897년 제1회 국제 나 회의에서는 "나병은 격리 외에는 근절책이 없는 전염병"으로 결의되었다. 유럽에서는 이러한 노력을 통해 환자 수가 감소하기 시작했지만, 그 외 지역에서는 환자가 증가하였다. 1901~1905년까지 고종의 시의로 일했던 독일 의사 분쉬의 일기에도 1902년 3월경 나환자를 진료하였다는 언급과 함께 결핵형 나환자의 사진이 기록되어 있다. 이처럼 의료 선교사를 중심으로 나환자에 대한 치료가 증거 중심의 근대 의학 관점에서 시작되었고, 기독교도인 외국인 선교사들은 광주, 부산, 대구 지역에 나병원을 설립하여 자선적으로 운영하였다.

1909년 미국 북장로교 선교사 어빈(C. H. Irvin)은 동래군 서면 감만리에 최초의 나환자 구료소를 설립하였다. 1911년 4월, 호주 장로교 선교사 멕켄지(H. P. Mackenzie)는 이 사업을 이어받아 영국 구라 선교회의 지원을 받아 부산 나병원의 시설을 확장하였다. 부산 나병원은 1915년 광주와 대구에서 운영되는 나병원과 함께 [영국 구나 선교회 조선 지부]로 인가를 받았으며, 초기 55명이었던 환자 수는 1920년에는 185명으로 확대되었다. 나병원은 입원환자를 무료로 치료하였으나,

의사는 멕켄지 한 명뿐이었기에 나병 치료 경험이 있는 조수와 환자 중 경험이 있는 자가 간호를 담당하게 하였다. 1909년 미국 선교사 포사이테(H. W. Forsythe)는 길가에 쓰러져 있던 나환자를 광주 제중원으로 데려가 치료한 뒤, 1911년 2월에 광주 제중원 원장이자 선교사인 윌슨(R. M. Wilson)은 전라남도 광주군 효천면 종선리에 요양소를 개설하고 환자를 수용하였다. 이는 광주 나병원의 시초가 되었다. 이후 여수로 이전하여 여수 피크왈츠 나병원으로 이름을 바꾸었고, 재차 여수 애양원으로 변경하였다. 윌슨은 창립 이래 원장으로서 환자 진료를 책임지며 본국 재단으로부터 재정 지원을 받아 무료로 치료하였으나, 재력이 있는 수용자에게는 식비 등의 비용을 부과하였다.

1909년 내한한 선교사 프렛처(A. G. Fletcher)는 미합중국 북장로파 예수교회 부속병원인 제중원 원장으로 부임하였으며, 1912년 그를 방문한 [대영 구라회]에 도움을 요청하였다. 1913년 초 대구부 남산정 제중원 부근에 조선식 가옥 1동을 매입하여 3월 1일부터 나환자 10명을 수용함으로써 대구 나병원의 기초가 마련되었다. 선교사들에 의해 설립된 사설 나요양소는 규모가 작아 유입된 환자 모두를 수용할 수 없었고, 수용되지 못한 환자들은 요양소 인근에 토굴을 짓거나 무리를 지어 떠돌며 구걸하는 생활을 하게 되었다. 환자들의 증가로 인해 사회적 문제가 발생하면서 이들에 대한 부정적 인식이 강화되었다. 그들은 일반인에게서 철저히 배제되어 폐쇄적인 집단을 형성하였고, 집단 우두머리의 강력한 통솔 아래 상호 부조의 생활을 이어갔다. 강력한 집단 규칙에 따라 집단 내 비밀이 유지되었으며, 규칙을 어길 경우에는 중벌이 부과되었다. 이들은 상호 연락 체계를 구축하여 소속 나환자의 동정과 타 집단의 사정을 공유하였다. 나환자가 다른 지방으로 이주하고자 할 경우 양측 지도자의 허락을 받아야 했으며, 환자가 일반인에게서 모욕적인 언동을 당할 경우 집단이 단합하여 가해자를 찾아 폭력적으로 대응하였다*.

조선총독부의 위생 당국자는 이러한 상황을 인지하고, 일반인에게 심한 불안감을 주며 병의 확산을 초래하여 환자 수가 증가하는 원인이라고 판단하였다. 이에 따라 구호 대책의 일환으로 특정 장소를 지정하여 이들을 수용할 계획을 수립하게 되었으며, 이는 소록도의 탄생 배경이 되었다.

한편, 1905년 러일전쟁에서 승리를 거둔 일본은 조선의 군사 및 경찰 조직을 정비하고 이를 바탕으로 의료와 보건 분야를 장악하기 시작하였다. 1904년 일본의 통계에 따르면 30,359명의 나환자가 보고되었다. 1907년 3월 19일에는 나병 예방에 관한 법률을 제정 공포하였고, 같은 해 대한의원을 설립한 후 1909년부터 각 도의 중심지에 자혜의원을 설립하여 부랑 나병 환자를 단속하고 요양소에 강제 격리 수용하는 식민지 의료 체계를 구축하기 시작하였다. 1910년 9월 29일에는 전국을 13개의 도로 구분하고, 각 도의 중심지에 자혜의원을 설치하였다.

---

* 요시자키 다쓰미, [오가시마 갱생원의 건설 및 운영에 대해], [조선의 구제 사업과 오가시마 갱생원] (필요한, 우방협회, 1967, 우방 시리즈 9호, 22~23.) (소록도 자혜의원 나환자 정책의 성격, 재인용.)

1912년 5월 16일에는 제주, 안동, 강릉, 초산, 회령 등 5곳에 자혜의원을 설립하였다. 1913년 조선총독부는 조선의 나환자를 조사하여 '격리 수용'의 필요성을 판단하였고, 부랑 환자를 수용할 요양소를 계획하였다. 조선총독부는 나환자를 집단으로 격리 수용할 지역으로 육지에 가까운 섬을 고려하였다. 당시 총독부 의원장이었던 하가 에이지로는 육군 군의 총감으로 전임자 후지다 츠키아키 초대 원장의 뒤를 이어 1914년 7월 24일 원장으로 부임하였다. 그는 총독부 위생 사무 촉탁인 사토오 코오조에게 수용 시설에 적합한 섬을 조사하라고 지시하였고, 전라남도 목포에서 경상남도 부산 사이의 섬들을 경무 총감부의 경비정을 타고 조사하여 보고하였다. 이후 하가의 회고록에는 "소규모라도 완전한 요양소를 만들어야 하며, 이상적으로는 기후가 온난한 남부 지방 중 적합한 섬을 찾아야 한다"고 기록하였으나, 사토에 따르면 "나환자 수용소는 형태만 갖추어도 족하니, 보여주기식의 그럴싸한 나 환자 수용 시설을 조선총독부에서 마련해 놓았다고 대외에 알릴 의도"에 따라 소록도에 자혜의원을 설치하였다고 전하였다.* 부지를 물색하던 조선총독부는 1916년 2월 24일 조선총독부령 제7호로 소록도 자혜의원 설립을 공포하였다. 3월부터는 섬의 토지를 매수하였고, 7월 10일에는 초대 원장으로 육군 1등 군의인 아리카와 도오루 대위를 임명하였다. 1917년 2월 자혜의원이 준공되었고, 4월에는 병사가 건립되어 각 도에서 이송된 환자들이 본격적으로 수용되기 시작하였다. 1917년 5월 17일 개원식을

---

* 사토 고조. 이충호 옮김, [조선의 육사], 형설출판사, 1993, 111p

거행한 소록도 자혜의원은 아리카와 원장 아래 의원 1인, 서기 1인, 약제 사무 촉탁 2명이 번갈아 교대하며 환자의 치료와 간호를 시작하였다.

하나이 원장

하나이

1919년 3·1운동 이후 일본의 통치 방식은 무단통치에서 문화통치로 전환되기 시작하였다. 조선총독부는 조선인들의 대규모 저항에 직면하여 헌병에 의한 통치에서 경찰에 의한 통치로 변경하였다. 일본의 선진 문물을 조선인들에게 보여줌으로써 헤게모니에 의한 지배를 추진하였고, 이 같은 흐름은 소록도에도 미쳤다. 무단통치 하에 자혜의원을 운영하던 아리카와 원장은 1921년 6월 6일 면직되었고, 6월 23일에는 하나이 젠키치가 제2대 원장으로 취임하였다. 하나이 원장은 부임 1년 후 소록도에서 기독교의 포교와 선교를 허용하였다. 당시 기독교는 활발한 의료선교사업을 진행하고 있었다. 일본의 근대적 나병 정책을 구상하고 시행한 미쓰다 겐스케는 1921년 "조선 내에서 활동하는 의료선교사가 설립한 나 요양소가 조선총독부의 눈에 난 종양"이라 표현하며, 의료선교사에 의한 구라 사업이 조선인들에게 사대적인 사고를 형성케 하여 식민지 지배를 위태

롭게 할 수 있음을 경계하였고, 일본 제국의 영토 내에서는 나병 정책이 국가의 책임하에 시행되어야 한다고 주장하였다. 그는 1909년 일본 전생병원 원장에 취임한 후 1915년 일본 환자들을 오키나와의 고립된 섬에 격리하는 방안을 제안하였으며, '우생수술'을 도입하고 요양소 소장의 질서 유지를 위한 징계 검속권을 제안한 인물로, 식민지 조선과 대만의 나병 정책에 크게 영향을 미쳤다.

1923년 관동 대지진 이후, 총독부는 재정 긴축 정책을 본격적으로 시행하며 자혜의원을 도립병원으로 개편하기 시작하였다. 소록도 자혜의원도 1925년 4월 1일 제29호 조선총독부령에 따라 도립의원으로 전환되었다. 1927년에는 나환자의 수용 증가에 따른 두 번째 토지 수용이 이루어져 자혜의원의 확장이 시작되었다. 1929년 말에는 병사 22동, 진료소, 예배당 등 여러 부속 건물이 신축되어 총면적이 348,983평, 건물 면적이 2,064평에 도달하였다. 1926년 125명이었던 수용 환자 수는 1929년에는 750명으로 증가하였다. [한국 나병사]의 기록에 따르면, 하나이 원장은 독서를 장려하고 악극, 창극, 연극을 공연하며 영화를 상영하고 지방에서 예술단을 초빙해 공연을 하였다. 또한 오락 시설을 확장하고 운동장을 조성하여 운동기구를 마련했다. 그는 원 내에서 양계 및 양돈을 시행하여 그 수익금으로 불구환자를 지원하였다. 불교뿐만 아니라 기독교 수용을 허용한 결과, 성결교회를 중심으로 한 기독교 신자들이 급격히 증가했다. 그는 여성 환자들에게 세탁을 담당하게 하여 한 번에 쌀 3홉을 지급하고, 상대적으로 건강한 환자에게는 소정의 보수를 지급하는 '부첨인' 제도를 도입했다. 이 제도는 이후 의료 조무원 제도로 발전하여 현재까지 소록도의 문화로 남아 있다.

하나이 원장은 온화한 방식으로 자혜의원을 운영하였으나 환자들의 자치제를 허용하지 않았고, 환자들의 조직화를 경계하며 암암리에 존재하던 세 개의 조직을 찾아 해체하기도 했다. 1929년 12월 28일, 민간인 의사 야자와 준이치로가 자혜의원 제3대 원장으로 취임하여 1933년 8월 28일까지 재임했다. 1933년 3월 13일, 조선총독부는 소록도를 국립 나 요양소로 지정하고 시설 확장을 계획하여 추진했다. 기존의 348,983평 부지에 새로 매입한 1,138,612평이 더해져 총 1,487,595평으로 확대되며 소록도 전체가 나 요양소 용지로 확장되었다. 1933년 9월 1일, 스오 마사스에가 제4대 원장으로 취임하였다. 그는 건축, 설계, 제도 등을 전공한 의사로서 부임하자마자 전체 환자를 운동장에 집합시켜 "원의 제1 목표는 확장 사업이며, 소록도 자혜의원을 세계 최고의 나 요양소로 만들겠다"는 포부를 밝혔다. 이는 해방 이후 1960년대 조창원 원장의 오마도 간척사업과 함께 [당신들의 천국]의 주요 소재가 된다. 1934년 9월 14일, 칙령 제260호 [조선총독부 나 요양소 관제]가 공포되었으며, 같은 날 칙령 제261호에 따라 지방 관제로 운영되던 소록도 자혜의원이 폐지되고 조선총독부 나 요양소 관제로 변경되었다. 같은 해 9월 29일 [조선총독부령] 제98호에 따라 나 요양소는 소록도 갱생원으로 변경되었다. 1934년 10월 1일, 국립 요양소 소록도 갱생원이 출범하였다.

스오 원장

스오

1933년 9월 20일 벽돌공장 건설이 시작됨에 따라 1차 대규모 확장공사가 착수되었다. 1933년 12월 30일 벽돌공장이 준공되었으며, 이듬해 1월 4일부터 섬 내 도로정비와 선착장 및 하역장 공사가 시작되어 5월 10일에 완료되었다. 하역장은 석축 높이 1.8m, 길이 90m, 면적 282평으로, 평균 폭이 3.6m이고 도로 길이는 8km에 이르러 차량 통행이 가능해졌다. 1935년, 조선총독부는 나병을 매독과 함께 '반도의 암'으로 지칭하며, 나환자의 관리를 위해 경찰력을 강화하였다. 위생 경찰은 나환자의 색출, 조사, 격리, 검역 및 강송 등에 대한 업무를 주도하였다. 환자를 격리하는 것은 사회적 차별로부터 이들을 보호할 수 있는 기능을 가질 수 있으나, 자발적인 수용과 달리 강제수용은 인권 탄압의 요소를 포함하고 있으며 억압과 통제로 이어진다. 일반적으로 치료를 목적으로 하는 의료 과정에서 개인과 타인의 건강 및 위생을 확보하기 위한 통제가 이루어질 수 있으나, 격리 또는 소외, 심지어 노역을 목적으로 할 경우 이는 요양소가 아닌 감옥과 같은 격리시설로 전락하게 된다.

1934년 9월 20일자 《동아일보》의 '소록도 나 요양소 방문기' 연재 내용에는 "현재 의사 5명, 간호부 16명, 간호수가 20여 명이 있다."고 기술되어 있다. 이어지는 간호수의 역할에 대한 설명은 우리의 기대와는 차이를 보인다.

"간호수는 전부 남자로, 환자 간호의 책임도 일부 존재하지만 주로 환자들의 생활 개선, 지력 향상, 풍속 교정, 작업 장려 및 경작 지도 등을 담당하는 사람으로 (중략) 의료 분야에서는 하등의 책임이 없다고 보는 것이 타당하다." 간호 주임도 대개 전직 경찰이거나 헌병 경력을 가진 일본인이었으며, 이들 역시 치료와 직접적으로 관련된 직원으로 보기 어렵다. 각 마을에서는 1934년 하반기에 새로 생긴 직책인 '간호장'이 지도 통제를 맡았다. 그 아래 여러 명의 간호수와 간호부가 배치되었고, 모범적인 환자를 선정하여 작업 및 치료 보조로 임명하여 협력하도록 하였다. 작업 조수나 치료 조수는 각종 작업 지휘 및 병사 내 질서 유지를 감독하고 지시하였다.

시설 확장공사 기간에는 건설 공사에 필요한 건축 재료와 식량을 매일 하역하는 작업 등을 지도한 걸로 보아, 간호수나 간호부의 역할은 치료보다는 수용소의 간수와 같은 성격이 강하였다. 1934년 소록도 갱생원에는 [조선총독부 나 요양소 징계 검속 규정]이라는 제도가 있어 이러한 시스템을 뒷받침하였다. 징계 검속 규정은 원장의 직권에 따라 규정을 위반한 자에 대해 판결하고 징벌할 수 있는 제도로, 최악의 징벌은 감금으로, 원장의 판단에 따라 환자를 30일에서 60일까지 감금할 수 있었다. 감금실은 1935년 5월에 건축된 시멘트 벽돌 건물로, 붉은 벽돌과 두터운 담으로 둘러싸여 있으며, 내부는 남과 북으로 두 건물이 중간의 회랑으로 연결된 H자 형태이다. 총 13칸의 방에는 철창이 설치되어 있고, 한쪽 마룻바닥을 들어 올리면 변기가 나타나는 구조로 되어 있다. 소록도에는 감금실 외에도 1935년 9월 15일 형무소가 설치되었다.

이러한 통제와 억압의 제도 아래 1936년부터 1938년까지 소록도의 2차 확장공사가 시작되었다. 1차 확장공사가 완료된 지 1년 만의 일이었다. 이어 1939년부터 1940년까지 3차 확장공사가 계속되었다. 1939년 10월, 3차 확장공사가 준공된 후, 스오 마사스 원장의 동상 건립 계획이 수립되었다. 살아 있는 원장의 동상 건립을 위해 모금 운동이 시작되었으나, 이 운동은 자발적이라고 강조되었지만, 실상은 그렇지 않았다. 환자들은 작업 갱생비를 삭감당하고, 자택에서 받은 송금액에서도 공제를 당했으며, 형편이 어려운 환자들은 3개월분의 노임을 헌납할 것을 강요받았다. 노역을 할 수 없는 환자들은 배급받은 식량이나 의복을 팔아서라도 기금을 마련하도록 강요받았다. 동상 건립에 맞춰 1939년 12월 1일 중앙공원 공사에 착수하였고, 환자들은 다시 동원되었다. 그들은 산을 깎고 낮은 곳을 메우며 구북리 십자봉까지 가서 공원 조경에 쓸 돌과 나무를 운반했다. 환자들이 쓰러지면 간호수와 간호장은 그들을 채찍으로 때렸다고 전해진다. 이를 견디지 못해 스스로 목숨을 끊은 이들도 있었다.

"확장공사 할 때는 새벽에 나가야 해요. 날 새면 나가야 돼요. 그래가지고 어두워야 들어와요. 그때 하는 말이 있어요. '오늘 나가면, 찌까

다비(노동자용 작업화)로 찰 것인다, 몽둥이로 칠 것인가' 그런 말이 있어요. 그때 나가면 찌까다비로 다 차거든요, 몽둥이로 때리고, 일 잘못한다고. 소화 15년부터 공원공사를 했는데 그 사람들이 많이 맞았어요. 일 못하면 맞거든요. 고단해서 쉬려고 해도 때려요. 그때는 환자들 인간 취급 안했어요, 그 사람들이. 인간 취급도 안하고, 동물 취급도 아니고, 동물보다 더했죠."*라고 당시를 회고하는 환자도 있다.

스오 동상 제막식

일본 교토에서 제작된 높이 3.3m, 무게 2.6톤의 스오 원장 동상이 1940년 8월 18일 배편으로 도착하여, 환자들이 조성한 단 위에 올려

---

* 최무경님의 진술로 [한센병, 고통의 기억과 질병 정책] 62~81쪽 참조. 최무경님은 1919년 경남 사천 출신으로 11세에 나병이 발병하여 16세에 소록도에 입도하였다.

스오 보은감사

져 총 9.6m 높이의 동상이 완성되었다. 매월 20일에는 보은감사일 행사가 이 동상 앞에서 스오 원장에게 거행되었다. 이러한 강제노역과 탄압, 개인숭배는 환자들의 분노를 일으켰다. 1941년 6월 1일, 환자들에게 폭력적인 노역을 시킨 박순주라는 자가 이길용이란 환자에게 살해되는 사건이 발생하였고, 1942년 6월 20일에는 보은감사일에 환자인 이춘상이 스오 원장의 동상 앞에서 스오 원장을 칼로 찔러 살해하는 사건이 발생하였다.

1942년 8월 1일, 소록도 갱생원의 제5대 원장으로 니시키 산케이가 부임하였고, 환자들로부터 큰 반발을 샀던 사토 간호장을 면직하였다. 사토 간호장은 스오 원장에게 아부하며 환자들에게 임금을 강제로 걷고 혹독한 작업을 지휘하며, 환자들에 대한 박해를 지속하였다. 앞서 언급된 윤정모의 소설 [그리고 함성이 들렸다]의 주요 등장인물로, 이청준의 소설 [당신들의 천국]에서도 조백헌 원장이 "스오 옆에 사토 간호장과 같은 인물이 스오 원장을 망쳤다"고 언급하고, 이상욱 보건 과장이 사토 간호장과는 다른 방식으로 자신을 도울 경우, 그(스오)와 같은 인물로 나아가지 않을 것이라며, 오마도 간척의 성공을 위해 자신을 도와달라고 설득하는 장면이 인용된다.

84인 학살 사건

1945년 8월 15일, 일왕의 항복 방송이 있었다. 해방이 선언되자 한국인 직원들 사이에서 운영권을 두고 의견이 엇갈렸다. 의사 석사학은 역대 원장이 모두 의사였기 때문에 당연히 의사가 운영을 맡아야 한다고 주장하였고, 간호장 오순재와 간호주임 송화갑은 직원들이 운영할 수 있다고 반박하였다. 직원들은 투표를 통해 운영권을 결정하기로 하였고, 그 결과 오순재가 위원장, 송화갑이 부위원장으로 선출되었다.

의사 석사학은 운영권 다툼에서 패하자, 주도권을 되찾고자 환자들에게 의지하고자 하였다. 8월 20일, 석사학은 환자들에게 영향력이 큰 고문 이종규를 찾아가 오순재를 중심으로 한 직원들이 창고에 있는 식량, 생활필수품, 약품 등을 밀반출하려 한다며 이를 저지해야 한다고 주장하였다. 이에 마을 주민들은 농기구를 들고 병사 지대와 직원 지대의 경계선으로 모여들었다. 환자들은 물품 반출 관련 현장 확인을 요구하며 직원 지대로 접근하였고, 위협을 느낀 직원들은 공포탄으로 위협 사격을 하다가 환자들이 우발적으로 돌진하자 실탄을 발사하여, 그 자리에서 8명이 사망하였다.

8월 21일, 환자 대표들은 직원들과 원만한 합의를 위해 '환자 자치회의 허용'과 '사망 환자들의 보상 문제' 등의 협상안을 가지고 모였으나, 전원이 참석하지 않았다는 이유로 다음 날로 협상이 연기되었다. 8월 22일, 40~50명의 환자 대표가 협상 장소로 모이자, 직원들과 치안대가 무장한 채 이들을 기다리고 있었고, 도착하자마자 결박하여 끌고 가 이들을 사살하였다. 늦게 도착한 대표들도 같은 방법으로 죽임을 당하였고, 도망간 환자 대표들은 마을을 돌아다니며 색출되어 사살되었다. 직원 대표가 전날 고흥과 여수의 치안대를 미리 불러들여 환자 대표들을 조직적으로 살해한 것으로 보인다. 석사학과 이종규는 도주하였고, 석사학은 면직되었으며, 이종규는 다른 환자들에게 붙잡혀 동생리 선착장에서 사망하였다. 이 사건은 그 후로 55년 넘게 세상 밖으로 드러나지 않고 소록도의 땅속에 묻혀있었다.

2002년 8월 22일, 사건 발생 57주년을 맞아 피해자들이 매몰된 자리에 '애환의 추모비'가 세워졌다. 2007년 10월, [한센인 피해 사건의 진상규명과 피해자 생활 지원 등에 관한 법률]은 '84인 학살 사건'을 한센인 피해 사건으로 명시하였다.

이 사건에 대한 원인과 성격에 관한 다양한 관점과 주장이 존재한다. 첫째, 가해자 직원의 시각에서 볼 때 병원 운영권을 확보하지 못한 의사 석사학이 환자들에게 잘못된 정보를 제공함으로써 직원들을 자극하였고, 이는 결국 학살로 이어졌다는 주장이다. 둘째, 직원과 환자들의 생존권 투쟁의 일환으로 발생한 사건으로, 니시키 원장이 의사 석사학에게 물품 창고 열쇠를 맡긴 결과 직원들이 이를 요구하는 과정에서 석사학과의 충돌이 발생하였고, 석사학은 직원들에게 구타를 당한 후 병사지대로 피신하였으며, 직원들이 열쇠를 찾기 위해 환자들과의 유혈 사태를 초래했다는 설명이 조창원 원장의 증언으로 제시된다. 셋째, 환자들의 관점에서, 광복 직후 병원 운영권이 무너지는 상황에서 수적으로 우세한 환자들을 억압하기 위해 학식을 갖춘 환자 간부들을 학살했다는 주장 또한 존재한다. 아무리 그 이유가 무엇이든, 8월 22일 발생한 총격과 학살 사건은 직원과 공권력이 비무장한 환자들을 집단으로 학살한 범죄로 볼 수 있다. 그 어떤 원인과 성격이었든, 학살의 변명이 될 수 없다.

김형태 원장과 김상태 원장

1945년 9월 21일, 김형태 원장은 제6대 원장으로 부임하였다. 그는 최초의 한국인 원장으로서 광복 직후 혼란스러운 상황을 수습하고 직접 환자를 치료하였으며, 그들의 의견과 요구를 귀담아 수용하는 자세로 임하였다. 또한, 84인 학살 사건의 책임자들을 면직시키는 등 사태를 진정시켰다. 1947년 말에는 입원환자 수가 6,254명으로 증가하였고, 같은 해 마을의 대표를 환자들이 직접 투표로 선출하는 '환자자치제'를 도입하였다. 1949년에는 환자들의 의료 요원 양성을 위한 의학 강습소가 설립되었으며, 이는 부족한 의료 인력을 보완하기 위한 목적으로 환자들이 직접 의료 기술을 습득하여 치료에 참여하도록 하기 위함이었다. 교육은 이론 1년, 실습 1년으로 총 2년간 진행되었으며, 중졸 이상의 학력자를 대상으로 첫 회차에 60명이 모집되었고, 한국전쟁을 거쳐 1953년 의학강습소 1기로 16명이 졸업하였다. 이후 각지의 요양소에서도 많은 지원자들이 입소하여 수강하였다. 그러나 1947년 12월 13일, 김형태 원장은 부정과 착복을 이유로 해임되었다.

1948년 4월 15일, 김상태 원장은 제8대 원장으로 취임하였다. 일제강점기 소록도에서 근무한 경험을 바탕으로 당시의 방법으로 병원 체제를 정비하고 여러 사태로 면직된 직원들을 복직시켰다. 그는 격리 정책을 강화하여 직원 지대와 병사 지대 사이에 철조망과 경계선을 세웠으며, 감시소와 면회실을 설계하였다. 1949년 5월 6일 '중앙 나 요양소'로 명칭을 변경하고 서무과, 의무과, 교도과로 재편성하였다. 1950년 6월 25일 한국전쟁이 발발하고, 9월 29일 인민군이 퇴각하면서 10명의 직원과 김정복 목사가 사망하게 되었다. 1951년 9월 29일, 중앙 나 요양소는 "갱생원"으로 개칭되었으며, 이후 1957년에는 "소록도갱생원"으로 변경되었다. 김상태 원장 재임 기간 중 환자들의 동거와 출산 문제가 제기되었다. 일제강점기 우생사상의 영향을 받은 정관수술(단종수술)은 전임 김형태 원장 시기에 폐지되었으나, 김상태 원장 취임 이후 정관수술과 원내 출산이 금지되었다. 전후 입원환자가 증가하고 재정 상태가 악화하던 중, 1953년 구호물자가 급감하자 원장이 구호물자를 횡령하고 있다는 의혹이 제기되었다. 이 시기에 "흉골 골수천자"로 나균을 검출하는 검사법이 도입되었으나 검사 후 합병증과 환자들의 고통으로 불만이 쌓이게 되었고, 이와 관련하여 1953년 10월 23일 〈동아일보〉에 공개장이 게재되면서 '김상태 원장 해임 운동'이 일어났다. 환자자치회는 활동을 지속하였고, 환자들과의 갈등을 계기로 1954년 3월 말과 4월 초에 원장 해임 운동의 주도자들이 모두 고흥 경찰서에 구속되었다. 이에 환자들이 1954년 4월 6일 경계소 근처에 집결하여 시위를 시작하였고, 고흥 경찰기동대와 직원들이 쏜 공포탄과 곤봉에 의해 진압되었다. 이 사건(4·6 사건)을 계기로 주동자와 가담자들이 감금되었고, 타 나 요양소로 분산되었으며, 자치회가 해산되고 조무원 제도가 부활하게 되었다.

1947년 미군정 시대에 푸로민 주사 및 다이아손 정의 투여가 시작되면서, 대풍자유 치료 분야에 변화가 나타나기 시작하였다. 1950년대에는 디디에스 치료법이 개발됨으로써 나병 치료에 혁신적인 발전이 이루어졌다. 1958년 차윤근이 10대 원장으로 취임하였으며, 그는 나병에 대한 계몽과 생활환경 개선에 힘을 쏟았다. 1960년을 전후하여 소록도 갱생원은 과거의 수용소와 요양소에서 벗어나 병원의 기능을 갖추기 시작하였다. 1960년 4월에는 혁명과 제2공화국이 출범하였고, 1960년 7월 1일에는 소록도 갱생원이 '국립 소록도병원'으로 개칭되었다.

조창원 원장과 오마도 간척사업

1961년 5·16 쿠데타 발생 후, 8월 24일 현역 군의관인 조창원 대령이 제14대 원장으로 부임하였다. 1961년 9월 초, 각 마을의 교회 건물을 환수하여 환자들의 숙소와 치료 공간으로 활용하였으며, 중앙공회당 건물은 연합예배당으로 사용하도록 조치하였다. 조창원 원장은 환자들의 치료 목적으로 지어진 건물에서 종교 활동을 하는 것은 문제라는 입장이었지만, 환자들은 신체의 치유보다 마음의 치유가 더 중요하며 그 과정에서 종교의 기여를 인정받지 못하고 있다고 생각하였다. 1962년 6월 10일 화폐개혁이 단행되었고, 환자들이 소유하던 구화폐를 신화폐로 교환하는 조치를 취하였다. 이와 함께 교회의 헌금 문제가 제기되었으며, 교인들이 헌금이 아닌 헌미, 즉 병원에서 환자에게 배급한 쌀을 현금 대신 교회에 기부하는 것은 문제가 있다고 판단하였다. 이에 헌미가 금지되었고, 1963년 1월 7일에는 목사의 환자 지대 출입이 제한되었다. 이에 대한 반발로 성직자와 교인 48명과 78명을 두 차례에 걸쳐 전원 혹은 이송하였다. 군대식 조직과 교육을 통해 정신 무장을 강조하고, 계몽과 자립을 위해 축구단을 결성하고 간척사업을 진행하였다. 권위주의적인 개혁 방식으로 종교 활동을 억압하고 다양한 활동을 제한한 측면도 존재하였다.

오마도 간척사업

    1962년 7월 오마도 간척사업이 시작되었으며, 환자들은 교회의 위계를 따랐다. 원장은 환자 간부들을 교회로 소집하여 의견을 전달하였으나, 장로들은 오마도 간척공사 제안에 대해 침묵으로 일관하였다. 환자들을 위해 세계 제1의 나 요양소를 만들겠다는 약속을 했던 스오 원장은 환자들을 노역의 지옥으로 몰아넣고 자신의 동상을 세우게 했던 상황이 되었다. 결국 원장은 200여 명의 환자 대표들이 모인 자리에서 성서에 손을 얹고 환자들이 요구하는 바를 지키겠다고 서약함으로써 환자들이 간척공사에 참여하도록 설득하였다. 공사 이후에는 1인당 1,000㎡의 땅을 분배하고, 공사 기간 쌀 두 홉과 보리 두 홉에 하루 30원의 노임을 지급하며, 농토에서 곡식을 수확하기 전까지 근로 구호 양곡을 지급하겠다고 약속하였다. 당시 소록도 환자 5천여 명 중 노동력이 있는 환자는 2~3천 명 정도였으며, 양질의 노동력을 가진 젊은 환자들은 건설대를 조직하여 공사의 중요한 부문을 담당하게 되었다. 그러나 공사는 계속되지 못하고 2년 후인 1964년 7월 25일에 전라남도로 이관되었다. 이 사건은 이청준 [당신들의 천국]의 소재가 되었다. 이후 간척공사는 1965년 방조제 준공, 1968년 외곽 방조제 준공, 1977년 내부 논풀이 공사 후 1988년 12월 준공되었으며, 1993년에는 고흥군민에게 매각되었다. 오마도 간척사업은 2007년 10월 제정된 [한센인 피해 사건의 진상규명 및 피해자 생활 지원 등에 관한 법률]에서 피해 사건으로 지정되었다.

오마도 간척사업

3 지금, 여기, 우리

 병원과 가장 유사한 사회 구조는 감옥(수용소)이다. 소록도병원의 시초는 '자비로운 은혜'라는 이름을 빌리고, 치료라는 구실을 내세웠지만, 근본적으로는 감염의 전파에 대한 사회의 불안과 감염자를 격리하려는 목적이 있었다는 점이 분명하다. 전염병의 전파를 막는 행위가 차별이나 박해가 아니며, 의학적으로 필수적이었다는 것도 사실이다. 일본 제국 시절에 실시된 정책은 감염자를 한곳에 모아 치료하려는 시도로 비난할 수는 없다. 소록도가 회한과 절망의 섬으로 여겨지는 것은, 표면적으로 한센병 환자를 감금한 사실만으로도 슬픈 일이긴 하지만, 그 안에 숨은 함의를 더 자세히 살펴볼 필요가 있다.

 사회적 현상과 사실, 과학적 근거 또는 그 밖의 어떤 이유에 의하더라도, 환자가 느끼는 차별과 폭력, 애환과 고통은 부인할 수 없이 실재한다. 그리고 지금의 우리는 이러한 아픔과 부조리에 공감한다. 일부는 가해자를 특정하려 하기도 하지만, 일제강점기에 발생한 일을 일본 제국주의의 책임으로 한정하는 것은 지나치게 단순한 결론일 수 있다. 우리는 보다 냉철한 시각이 필요하다.

한센병에 걸린 부랑자로 살다가 일본 순사에게 잡혀 소록도에 입도한 경우든, 자진하여 입도하였거나 부모의 손에 이끌려 들어온 경우든, 그것은 당시의 사회적 또는 의료적 관점에서 그릇된 것으로 평가할 수 없다. 현재의 감염병 정책 또한 격리와 치료에 초점을 두고 있다. 감염병의 확산이 사회적으로 혼란을 초래한다는 사실은 과거의 경험으로 이미 확인되었다. 문제는 당시 총독부 경무국이 관할 하던 의료정책과 병원에 부임한 총독부 관료들에 의해 시행된 의료에서 기인할 수 있다. 감염병 정책의 구상이 올바른 방향이었다 하더라도, 전쟁 시기의 일본 제국은 환자를 치료의 대상으로 보기보다는 통제와 노동력 착취의 대상으로 간주하였음은 여러 사료를 통해 확인할 수 있다. 비슷한 형태의 격리시설을 운영했던 일본 본토에 비해, 식민지였던 대만과 한국에서의 노동력 착취는 더욱 가혹하였다.

그 시기를 회상한 환자들의 구술 자료에 따르면, 그들의 애환은 단순히 노동력 강제 착취와 인권 침해에 국한되지 않는다. 치료 과정에서 경험한 의료 행위와 이와 관련된 부당함에서 더 많은 고통을 느꼈다고 표현된다. 이러한 애환은 일제강점기 이후에도 일정 기간 지속되었다고 진술된다. 이 과정에서 국립 소록도병원이란 기관에 소속된 환자들은 자신의 발언이 불리하게 작용하지 않도록 진술의 강도를 조절하거나 일부 내용을 생략하기도 한다. 일제강점기뿐만 아니라 해방 이후에도 소록도에서 의료진이 관료로서 환자를 관리, 감독하는 역할을 지속해 왔기 때문에, 이러한 방어적 태도는 어쩌면 자연스러운 결과라 할 수 있다. 이러한 의료 상황은 현재, 공공의료로 지칭되는 시스템의 일부이기도 하다.

 의사의 관점으로만 보자면, 환자들의 애환에 대해 일부 불편함을 느꼈던 부분도 있다. 특히, 감염과 관련하여 그렇다. 의료적으로 합당한 행위조차 환자들에게 차별로 인식되었다는 점이다. 예를 들어, 의사들은 항상 장갑을 착용하여 환자를 진료했으나, 마리안느와 마가렛 수녀는 맨손으로 환자의 신체를 아무렇지도 않게 만졌다는 증언이 있다. 마리안느와 마가렛 수녀는 1960년대 벨기에 의사 반드루젠 브룩과 함께 국립 소록도병원에 파견된 오스트리아 출신의 간호사이다. 실제는 진료 중 감염 전파를 방지하기 위해 장갑을 착용하는 것은 현대 의료의 기본 원칙이다. 왜 이러한 행위가 차별로 인식되었는지에 대한 고찰이 필요하다. 장갑은 외부 오염으로부터 자신을 보호하는 얇은 도구로 작용하며, 수술실 또는 치료 과정에서는 (의료진) 손의 오염이 (환자의) 환부에 전달되는 것을 방지하는 역할을 한다. 환자들이 느꼈던 감정은 전자의 경우로 자신(환자)을 오염물로 인식한다고 오해했을 가능성이 높다 (실제로 그렇게 생각한 의료인이 있을 수도 있겠지만, 모두가 그렇지는 않았을 것이다). 또 다른 한가지는 환자들이 결혼하기 위해 반드시 받아야 했던 "단종수술"이라고 불리는 피임 수술(정관수술)이 징벌로 인식되고 있다는 점이다. 한센병의 감염 경로가 명확하지 않고 밀접한 접촉이나 면역력이 약한 영유아기에 감염된다는 당대 의학 정보에 기초하여 시행되었을 수 있지만, 이는 의학적 설명이나 동의 절차 없이 강제로 이루어진 것이 문제의 근원이며, 병원 내에서 발생한 문제 행동에 대한 징벌로 행해졌기 때문에 비인권적(폭력적)인 처벌로 인식되었다. 의료가 강제로 시행될 때는 폭력이 될 수 있음을 의미한다. '대를 끊는다'라는 유교적인 사상과 징벌의 도구로 강제 시행된 의료 시술(피임 수술)은 의료에 대한 거부감과 더불어 의료진에 대한 반항심을 불러일으키기에 충분했으리라 생각된다. 정관수술이 이루어진 수술대는 "단종대"라는 애환의 상징으로 불렸으며, 이를 제목으로 쓴 시도 전해진다.

1950년대 후반에는 부족한 의료 인력을 해결하고자 (하는 관료적 노력이 일환으로) 의학강습소가 설립되어 환자들에게 2년간 약식으로 의학 공부를 시킨 후 그들에게 의료 현장의 처치와 시술을 맡김으로써 여러 문제가 발생하기도 하였다.

국립 소록도병원은 일반적으로 알려진 병원과는 여러 가지 요소에서 차별화된 특징을 지닌 의료기관이다. 소록도병원은 한센인, 즉 한센병력자 또는 한센병 사업대상자만을 위해 입원 및 치료가 가능한 시설이며, 일반인은 진료받을 수 없다. 치료비는 전액으로 국비로 충당되며, 국민건강보험 적용에서 제외된 기관으로, 국민건강 심사평가원의 심사 대상이 아니다. 일반적으로 병원은 의료기관으로서의 '시스템'을 의미하지만, 국립 소록도병원은 소록도라는 섬 전체를 병원으로 인식하는 '공간(장소)'적인 개념을 지닌다. 이 섬에는 7개의 마을이 있으며, 이는 한센인들이 거주하는 정착촌에 해당한다. '주민'으로 지칭되는 환자들은 '호사'로 불리는 주택에 거주하며, 주택은 1인 거주용 개인사와 부부가 함께 거주하는 '가정사'로 구분된다. 각 마을에는 '치료실'과 '사무실'이 자리 잡고 있으며, 치료실은 주로 상처 치료, 주사, 투약 등의 기능을 수행하고, 사무실은 주민대표인 이장과 사무원(조무원)이 병원에서 지급하는 부식과 주민들의 각종 수당 등을 관리하는 행정적 기능을 담당한다.

가장 큰 마을은 중앙리로, 약 100명의 주민(환자)이 거주하며 병원 건물과 가장 가까운 위치에 있다. 중앙리를 중심으로 신생리, 녹생리, 남생리, 새마을, 구북리 등의 마을이 존재한다. 일반적으로 알려진 병원(본관) 건물은 소록도의 중앙에 위치하고 있으며, 5층 본관 건물과 바로 옆의 3층 별관 건물이 연결되어 있다. 본관 1층에는 각 진료과 외래가, 2층에는 수술실과 중앙공급실이, 3층, 5층, 6층 및 별관 2층에는 각각 20~25명의 환자가 입원해 있는 병동이 위치되어 있다. 별관 1층에는 물리치료실과 한의과 외래가 있으며, 별관 3층에는 직원 식당이 있다. 하드웨어적 관점에서 소록도병원은 '병원'과 '7개의 정착촌'으로 구성된 '장소'이다.

이에 따라 환자들은 병동에 입원한 전통적인 의미의 입원환자와 마을에 거주하는 외래 환자로 구분될 수 있으나, 공식적으로 또는 대외적으로, 이들은 모두 국립 소록도병원의 입원환자로 관리된다. 2025년 5월 현재, 국립 소록도병원에는 한센병, 즉 나균에 효소면역측정법(ELISA test)에서만 양성을 보이는 환자가 2명이다. 이들은 활동성이 없어 격리 조치 없이 주기적인 추적관찰만이 이루어지고 있을 뿐으로, '한센병 치료'라는 개념은 지금, 여기에서는 더 이상 작동하지 않는다. 과거 한센병을 앓았던 환자를 한센사업 대상자라고 칭하며, 한센병의 후유증과 만성 노인성 질환을 관리하고 있다.

  소록도 내 환자 334명(2025년 5월 기준)은 세 가지 군으로 분류할 수 있다. : 1) 일반인에 준하는 환자, 즉 한센병이 완치된 노인 질환 또는 만성 질환자로 필요시 외래 진료가 필요한 군, 2) 상처 치료, 주사, 투약 등의 주기적인 의료 또는 간호 처치가 필요한 군, 3) 상시적인 간호·간병과 집중적인 의료적 처치가 필요한 군.
  3) 군은 병동에 입원한 환자로 90~100여 명이 유지되고 있으며, 마을(생활 병동) 정착촌의 240여 명은 1) 및 2) 군으로 필요시 또는 주기적으로 병원 외래를 이용하고, 2) 군은 마을 내 (간호사와 간호조무사가 상주하는) 치료실을 병행해 이용하고 있다.

  또 하나의 특징으로, 국내에서 유일한 국립 질병 박물관인 한센병박물관이 존재한다. 이 박물관은 나병이라는 질병과 그 역사를 전시하는 것이 아니라, 소록도의 역사와 이를 거쳐 생존해 온 사람들의 삶의 모습을 중심으로 구성되어 있다. 따라서 '소록도 의료문화관'이나 '소록도 역사박물관'이라는 명칭이 더욱 적합하게 느껴진다.

　질병을 전시한다는 개념은 쉽게 이해되지 않는다. 우리가 주목해야 할 대상이 질병인지, 아니면 그 질병을 겪는 환자인지가 중요한 문제이다. 당연히 후자에 초점을 맞춰야 할 것이다. 과연 박물관의 이름으로 '한센병'을 사용해야 했던 것인지 의문이 남는다.

　박물관의 전시 동선 또한 역사적인 순서에 따라 일제강점기, 해방 및 한국전쟁 전후, 1960~70년대의 개발독재 시기, 1980년대 이후 민주화 시기, 2000년 이후 경제 발전기와 현재로 이어지는 식으로 한국 역사에서의 질곡을 반영하며, 한하운의 시 '보리피리'처럼 입원한 환자의 발걸음을 따라 그들의 모습이나 자료(진단서, 수술 기록, 진료 기록) 및 치료 경험을 보여주는 방안을 제안할 수 있다. 예를 들어, 당시 호사를 모형으로 구성하거나 치료실을 재현하며 생활 도구를 체험할 수 있도록 하는 방식이 효과적일 것이다.

　감금실 재현 모형만이 설치되어 있는 것은 다소 아쉬운 부분이다. "돌 그물*"이라는 전통 방식을 통해 조석 간만을 이용하여 물고기를 잡아 영양을 보충했던 삶의 한 장면을 보여주는 것은 좋은 사례이다.

　정부(보건복지부 및 질병관리청)는 왜 많은 예산을 사용하여 적자투성이인 정신병원과 결핵병원을 국립 병원으로 지속적으로 운영하는가. 정신병

---

*　오목한 해안에 볼록한 형태로 줄지어 낮은 돌담을 쌓아 밀물에는 이를 넘어 물고기들이 들어왔다가 썰물에 돌담을 넘지 못하고 갇히는 그물 역할을 한다.

과 결핵이란 질환이 가난이라는 사회시스템(복지)의 공백에 기인하기 때문이다. 가난, 즉 부의 불균형과 이로 인한 질병의 이환은 국가의 책임이란 점에서, 한센병 또한 정부가 짊어질 유산이라는 점은 분명하다. 그것에 덧붙여, 질병의 후유증으로 인한 혐오와 차별의 극복까지가 한센병 전문 국립 의료기관으로서 소록도병원의 정체성이다.

소록도라는 공동체는 1916년 일제강점기의 개원 당시부터 여러 가지 특별한 사건과 상황을 거쳐 생성된 집단 무의식을 내포하고 있어, 외부의 시선으로 쉽게 이해하기 어려울 수 있다. '선교 의료'와 '관치 의료'로 구분되는 한센병 치료의 역사도 이러한 문화적 배경에 영향을 미쳤을 것이다. 주로 관료들에 의해 운영되어 온 소록도는 현재의 공공의료와도 연결되어 있다. 그렇게 형성된 소록도의 경치(외부의 시선으로 설핏 보는 형상)는 아름답지만, 정치적 맥락(내부의 여러 이해관계가 충돌하는 실상)은 복잡하게 얽혀있다. 소록도의 역사와 문화, 그리고 현재는 다양한 각도에서 해석하고 이해될 필요가 있다.

과도한 연민의 관점에서, 차별과 억압의 피해자로서의 시각으로, 낙후된 환경과 공공의료의 구조적 문제로, 인권의 상징성 등을 기반으로 하는 관점들은 비판될 여지가 있다. 다양한 시각들이 존재할 수 있다는 인식을 바탕으로, 그 어느 하나도 지나치거나 부족하지 않게 문제를 바라보는 것이 쉽지 않다. 수많은 이해관계자의 관점에 따라 그 중요성은 달라질 수 있어서, 모두가 동의하는 합의라는 것이 불가능할지 모른다. 아마도 [당신들의 천국] 결말처럼 끝까지 미완의 상태로 남을 수밖에 없을 것 같다. 그럼에도 불구하고 그 합의에 도달하려는 노력은 계속되어야 한다. 그 과정이 사실상 '목표'라고 볼 수 있다. 마치 시시포스의 신화와 같다.

    이 책은 그런 과정의 하나로, 소록도 문화를 추적하고 탐색하는 기록이라고 할 수 있다. 소록도의 의료 역사와 생존 환자들의 경험, 그리고 이를 문학으로 승화시킨 그들의 삶을 중심으로 하여, 그 배경에 있는 공공의료의 현재를 현장의 눈으로 분석하고 해석하는 과정과 나름의 대책을 제시한다. 소록도의 의료 역사에 대한 논의는 2024년 3월에 한국의료윤리학회지(KCI 등재)에 등재된 [의료 서사로 본 소록도: 의료적 망탈리테 역사의 관점에서]라는 제목의 논문에서 다뤘으며, 생존 환자의 경험과 문학으로의 승화는 2024년 7월에 문학 치료연구(KCI 등재)에 등재된 [의료 서사 창작을 통한 성찰과 치유 가능성; 소록도 구술 체증에서 문학으로]와 2024년 12월에 한국 문예 창작(KCI 등재)에 게재된 [소록도 한센병 문학 연구]에서 다뤘다. 의사이자 작가로서 필자가 소록도에서 행할 수 있는 일에 대해 고민한 결과이다. 다행히, 의학박사, 문학박사, 심리학석사 따위로 증명할 수 있는 일련의 수학과정이 많은 도움이 되었다. 그럼에도 부족한 부분이 있었다. 과거가 그랬다는 이야기는 말 그대로 이야기에 머물 뿐이다. 작가로서 반드시 던져야 할 질문은 지금, 여기, 우리에 대한 것이어야만 한다. 그래서 논란도 많고 말도 많은 공공의료에 관한 이야기를 얹지 않을 수 없었다. 코로나19와 공공의료 공백의 문제가 주목받았던 2022년 8월부터 9월 사이, 전남일보에 연속해 게재된 [공공의료와 임기제 공무원], [정치방역, 심평의학 그리고 관료적 의료], [감시와 처벌, 방역과 통제]라는 제목의 칼럼들에 지면 문제로 싣지 못했던 몇 가지를 보완하여 현재의 공공의료에 대한 개인적인 경험과 생각들을 정리했다. 내용을 보고, 일종의 내부 고발이라 생각할 독자도 있겠으나, 필자 스스로 그 대상이 되기에 '자기 객관화와 성찰'이라 생각하며 그렇게 독해되길 바란다.

2장

서사와 치유*

* 조안영, [의료 서사 창작을 통한 성찰과 치유 가능성: 소록도 구술 채증에서 문학으로], 문학 치료 연구 72, 한국 문학 치료학회, 2024년 7월(KCI 등재)

1 서론

　국립 소록도병원은 국내 유일의 한센병 전문 의료기관으로 일제강점기인 1916년 개원한 자혜의원을 모태로 한다. 2024년 4월 25일 기준, 362명의 환자가 생존하고 있으며, 평균연령 78.5세, 평균 재원 일은 19.3년, 평균 유병 기간 61년에 이른다. 오랜 세월을 소록도라는 한정된 공간에서 긴 세월을 살아온 분들이 많다. 그들의 역사가 소록도의 역사이고, 우리나라 한센인의 역사라고 해도 과장이 아니다. 현재 한센병은 거의 발생하지 않고 있고, 국립 소록도병원에 전염력이 있는 양성 보균자는 없다. 그럼에도 나이가 들어가고, 한센병에 뒤따르는 여러 합병증이 심화하여 돌아가시는 분들이 증가하는 추세다. 한 사람의 소멸은 한 역사의 소멸이라는 점에서 한센인이 겪은 고통의 역사를 기록하고자 하는 시도가 이미 2011년부터 국립 소록도병원을 주축으로 이루어지고 있다.

　국립 소록도병원에서는 여러 차례 구술 또는 생애사 기록화 사업을 진행하여 많은 환자, 근무자, 종교인 등 관계자의 구술을 자료집으로 만들었다. 구술, 즉 이야기(story)는 기록되지 않은 역사에 대한 증언으로써 중요한 사료로 볼 수 있는데, 선행적인 연구자료로 소록도 박물관에서 시행했던 구술 기록화 사업의 결과물을 들 수 있다. 국립 소록도 100년 구술 사료집은 2011년 발간되었다. 소록도에 입원 중인 환자들의 구술을 수집하여, 그간의 질병 체험과 근현대를 거치며 겪은 소록도 생활의 역사를 총 26인의 환자와 연구자들이 여러 차례의 인터뷰를 통해 채득한 구술을 기록했다. 환자의 언어를 그대로 기록하여 생생한 역사 기록으로 가치가 있지만, 다소의 왜곡과 과장이 포함되어 있다. 그럼에도 불구하고, 병원 당국의 기록에만 의존했던 소록도의 역사에 환자의 구술을 기록으로 남기기로 한 시도는 충분히 가치 있다고 할 수 있다. 이런 시도는 계속 이어져, 이후『소록도의 구술 기억』이 5권으로 2019~2020년에 걸쳐 발간되었으며, 총 12인의 구술 사료를 정리하였다.

최근 조안영의「의료 서사로 본 소록도」는 앞서 열거한 선행연구 자료에서 살펴본 소록도 환자들의 구술 서사 내용 중, 의료와 관련된 정책과 내용을 환자의 관점에서 분석하여 "의료조무원 제도"와 "의학강습소"라는 소록도만의 독특한 의료시스템과 그 의미에 대해 제언하였다. 거시적인 관점으로 대한민국의 공공의료 시스템의 맥락에서 소록도의 의료 체계의 문제에 집중한 탓에 그런 체제하에 고통 받아온 환자 개개인의 정서와 심리에 관한 서사에는 소홀한 면이 있다.

병원의 기록에 의존한 역사 서사는 환자의 실제 삶과 동떨어져 있기 쉽고, 환자의 구술서사는 본인의 주관적인 진술을 그대로 기록한 탓에 사실적이지 않을 수 있다. 주관적인 체험의 과정과 세월이 흐르면서 발생하는 기억의 왜곡, 이를 회상하는 과정에서의 미화와 과장이 더해질 가능성은 이미 심리학으로 충분히 증명되었다. 이런 왜곡을 보정할 개입이 필요하다는 발상에서 본 연구는 기획되었다. 연구자가 단순히 기록자로서 녹취하듯이 구술을 받아적는 것보다 더 많은 일을 할 수 있고, 더 많은 가치를 창출할 방법을 고안하였다. 기록의 관점에만 머물러 있기엔 소록도의 의료서사는 문학적으로 중요한 주제를 담을 수 있으며, 구술의 채증 과정은 면담 또는 상담이란 형태의 심리치료 과정으로 발전시키고자 연구를 계획했다.

　창작이론 중, "소설가(작가)는 자신이 창작하는 소설 안에서 욕구불만을 다양한 등장인물들이 말하게 함으로써 정체된 내면의 환기(ventilation)를 일으킬 수 있다. 개인의 심리적 고민과 갈등을 문자화시켜 밖으로 드러내어 객관화시키는 과정을 통해 자신과 자신을 포함한 세계를 낯설게 보는 경험을 하는 것"이라는 주장을 본 연구의 과정을 통해 실현함으로써 문학으로서 완성도와 이를 통한 치유 효과라는 두 가지 성과를 이룰 수 있지 않을까 하는 기대에 다음과 같은 연구목표를 세웠다. 1)환자와의 면담을 통해 본인이 감정이나 태도를 드러내도록

---

* 조안영, 「장편소설 『인간은 그것에 관해 아무것도 알 수 없으리라』의 창작 실제」, [박사학위]:광주대학교, 2020, 4면.

(ventilation)하여 정화(catharsis)를 유도하고, 2)여기서 채증된 구술을 토대로 연구자가 의료서사(수필)를 창작하여 환자가 이를 문학작품으로 읽는 과정을 통해 자신을 스스로 낯설게 보도록 함으로써 성찰을 이끌어 낼 수 있으며 이를 통해 심리적 치유효과를 기대하며, 3)이렇게 완성된 문학작품은 신체적 고통과 사회적 소외와 고립을 표현하는 한센병 문학의 한 장르로서 대중에게 그들의 질병체험과 고립과 소외의 정서를 전달하고 이를 통해 독자에게 문학적 성찰의 기회를 제공함을 추구한다는 것이 그 내용이다.

2 연구 방법

2023년 3월부터 5월까지 소록도 입원환자를 대상으로 연구계획서와 연구 참여 설명문을 제공하고 참여를 원하는 인원을 모집했다. 치료를 위해 정기적으로 외과를 방문하는 내원 환자 중, 희망자를 받아 그중 면담 일정 조절이 가능한 2명과 각각 5차례에 걸쳐 면담이 이루어졌다. 강O석님은 2023년 6월부터 8월까지 일주일 간격으로 1시간 동안 총 다섯 차례에 걸쳐 원내 사무실에서 면담을 진행했고, 이O철님은 2023년 4월부터 7월에 걸쳐 일주일 간격으로 1시간 동안 총 다섯 차례에 걸쳐 원내 사무실에서 면담을 진행했다.

면담은 탐색-기술-환기(exploration- description-ventilation)의 과정을 통해 구술을 채증하면서, 동시에 지지(sustainment)와 수용, 공감을 통한 신뢰(rapport)형성에 중점을 두고자 하였다. 피면담자를 있는 그대로 이해하고 수용하는 태도를 견지하며, 본인의 감정을 있는 그대로 수용하고, 과거와 현실을 왜곡하지 않고 있는 그대로 받아들이며 자신을 스스로 성찰하도록 유도하였다.

면담의 세부과정은 상담심리학자인 칼 로저스의 인간중심 이론에 기초하여 진행하고, 이를 통해 수집된 구술기록은 면담 후 내용을 정리하고, 이를 토대로 일차적인 서사 원고를 작성했다. 서사작성의 세부과정은 D. Jean Clandinin, F. Michael Connelly의 저서인 『내러티브 탐구』와 Leonard Webster, Patricie Mertova의 저서인 『연구 방법으로서의 내러티브 탐구』의 연구 절차를 참조하였으며, 국내 논문으로는 홍영숙의 『내러티브 논문 작성의 실제』를 참조했다. 이를 토대로 작성된 일차 서사는 연구자의 관점에서 문학적으로 재구성하여 수필의 형식으로 결과물을 완성했다. 연구의 결과물은 2주간의 피면담자(연구대상자)의 직접 검토와 확인 과정을 거쳐 최종 수정되었다.

본 연구는 구술 채증 등 창작과정과 결과물의 독서로 인한 치유효과뿐만 아니라 결과물 자체인 문학작품 또한 중요한 요소이므로, 문학의 형식, 소외와 차별의 문학으로서 한센병 문학이 갖는 가치에 대한 분석과 고찰도 중요하게 다뤄져야 했다.

이러한 토대로 앞서 언급한 세 단계의 연구목표를 체계적으로 지향하고자 하였다.

3 오지 마라, 네 조카가 걱정이다
(강○석의 서사)

격리와 고립

강○석

강○석*님은 소록도와 한센병에 대한 자신만의 신념이 확고하고, 그에 따라 자신의 주장을 펼치는 분이다. 그와의 첫 만남은 코로나가 한참일 2022년 새해 무렵이었다. 2021년 여름, 국립 소록도병원에 외과 과장으로 취임하여 진료를 시작하였으나, 강○석님은 예전부터 외과가 개

---

* 강○석님은 2024년 2월 26일 사망하셨으며, 생전에 본고를 확인하고 연구자를 격려하며, 기쁜 마음으로 이를 널리 활용하도록 요청하셨다.

설되었음에도 진료실을 찾지 않는 그런 사람이었다. 그를 비롯한 다수의 환자는 집에서 본인이 직접 소독하거나, 마을 치료실을 찾아 상처를 소독하고 있었고, 현재는 조금 나아지기는 하였으나 크게 다르지 않다. 수십 년간 지속되어 온 상처를 1~2년 왔다가는 의사들에 맡기기보다 본인 스스로 치료하길 택하는 데에는 많은 합당한 이유가 있을 것이고, 그걸 들여다보는 일도 중요한 것이라 생각한다.

 2022년 1월 6일, 코로나19 확진자가 증가하여 소록도병원은 각과 외래를 임시 폐쇄한다고 결정했다. 필자도 갑자기 받은 통보였지만, 확진자 증가 추세를 고려한다면 이해하지 못할 결정도 아니었다. 그렇지만, 감염의 전파를 막기 위한 '격리'라는 행위는 그 대상자의 '고립'을 의미하기도 하는 것이다. 필자는 외래 간호조무사의 동의를 얻어 상처 치료에 필요한 물품을 챙겨 마을 치료실로 가기로 했다. 마을 치료실의 구조와 동선도 그때까지 알지 못했고, 누구에 의해 어떤 판단 가정을 거쳐 어떤 상처 치료가 진행되는지 알아보는 것도 한 가지 이유였으나, 국가의 강제 격리로 고립과 소외의 역사를 겪었던 환자들에게 의사가 가까이 있으니, 고립된 게 아니라는 믿음도 주고 싶었던 탓이 컸다.

언제 낫겠소?

　마을 치료실의 대기실은 'ㄷ'자 모양의 구조*였다. 환자들은 오는 순서와 상관없이 각자 자신들이 원하는 자리에 모여 앉아 치료실 간호조무사를 기다렸다. 코로나19 감염전파를 막는다며, 좀 떨어져 앉을 것을 간호사들이 권하고 있었다. 치료실 간호조무사들은 나무로 만든 다리 받침대를 환자 앞에 옮겨놓았고, 환자들은 상처가 있는 다리를 그 받침대 위에 올려놓았다. 서너 명의 환자가 그런 상태로 간호조무사의 치료를 기다리고 있었다. 'ㄷ'자 의 가운데에 2~3명의 간호조무사가 맨손**으로 일회용 드레싱 세트에서 플라스틱 핀셋으로 포타딘 스틱을 집어 상처에 문지른 후, 포타딘 거즈를 상처 부위에 올려 덮고 그 위에 깨끗한 거즈를 올려 반창고를 붙이는 방식으로 드레싱을 하고 있었다. 간혹 폴리비닐 장갑을 끼고, 10번 또는 20번 메스 날을 들고 환자 상처 주변의 굳은살(callus)을 깎기도 했다.

---

* 1917년 문을 연 자혜의원은 소록도병원의 시초다. 지금도 보존되고 있는 이곳 치료실 역시 'ㄷ'자 구조다.

** 소록도 환자에게 '맨손'은 은유적인 의미가 담긴다. 과거 격리가 우선인 시대에 의료진은 환자와 접촉할 때 여러 형태의 '장갑'을 사용했다. 나균에 대한 보호 수단이었지만, 환자와 질병을 동일시 한다고 받아들여졌다. 이는 마리안느, 마가렛 등이 환자를 서스름없이 맨손으로 만지면서 음성환자의 전염력이 없음을 증명했던 일에 더해 환자들에게 인간으로서 대우하고 받아들이는 일종의 상징이 되었다. 현재는 원내에 만연한 다제내성균 감염의 차단을 위해 상처 치료 시 필요한 도구다. '장갑'이란 장벽이 갖는 은유처럼, 환자를 보호하기도 고립시키기도 하는 이중의 의미를 지녔으며, 격리와 보호의 수단으로 기능한 소록도병원과도 일맥상통한다.

녹생리 마을 치료실에 외과 의사인 필자가 나타났을 때, 환자와 마을 치료실 간호사와 간호조무사 모두 의아한 표정이었고, 면담 대상자인 강○석님 또한 그런 표정이었다. 그는 양측 족부에 아주 오래된 상처가 있었다. 그의 발을 직접 치료하는 동안 그는 뾰족한 말들을 쏟아내는데, 필자는 그런 말들을 묵묵히 받아냈고 그래야 한다고 생각했다. 그는 이번에 온 의사는 어떤 사람인지, 어느 정도의 실력을 갖추고 있는지, 어떤 마음으로 그들을 치료하며, 그들을 어떤 마음으로 바라보는지와 같은 일련의 테스트를 하는 듯 보였다. "어떤 것 같소?, 언제나 낫겠소?"와 같은 질문들은 환자 대부분이 하는 질문이었는데, 그건 그들의 상처에 관한 질문이라기보다, 이 새로 온 의사가 어떤 사람인지 궁금한 것이라 여겨졌다.

처음 진료한 만성상처라 항상 균 배양검사와 항생제 내성검사를 시행하는 것이 원칙이고, 이에 맞춰 항생제를 처방했다. 그리고 그런 과정을 설명해 줬다. 그가 한 달 뒤 외래를 방문했을 때, X-ray를 찍어 사진을 같이 보며 골수염으로 인한 골 변형을 설명해 줬다. 그리고 그의 상처가 완전히 낫기 어려운 이유를 설명했다. 당뇨까지 있기에 만성 골수염으로 인한 악화를 늦추는 것이 치료의 목적이라는 말에 그는 태연한 척했다. 나을 수 있으니까, 치료 잘 받고 약 잘 먹으라는 말에 익숙했고, 기대했던 탓인지 당황한 표정이었으나, 본인도 알고 있다는 말로 그 표정을 감췄다. 솔직함이 당연했지만, 미안하기도 했다. 위로가 거짓을 바탕으로 한다면, 그건 기만에 불과하다는 것을 그가 이해해 주길 바랐다.

필자가 의사로서 할 수 있는 일은 '악화를 늦추고, 가능하면 약간의 호전을 기대하며, 궁극적으로 그의 주기적인 대화 상대가 되어주는 것'이라고 생각했다. 그것이 그에게, 여기 있는 대부분의 소록도 사람(환자)에게 필요한 것일 수 있다는 생각이 들었다. 그일 이후로 그는 외과의 단골 환자가 되었다.

잊으려 열심히 일했어요

진료실이 아닌 사무실에서 만난 건 6월 22일이 처음이었다. 10~20분의 치료 시간에 얽매이지 않고 오롯이 그의 이야기를 들을 수 있어 필자는 느긋한 마음이었으나, 그는 그런 환경이 어색하고 불편한 듯 보이기도 했다. 그가 갈증을 느낀 듯 보였고, 필자는 냉장고에 있는 탄산수와 칼라만시 액을 섞어 그에게 내어놓았다. 처음엔 괜찮다고 사양했으나, 면담이 끝나기도 전에 그는 한 방울도 남기지 않고 잔을 모두 비웠다. 첫 면담은 많은 걸 기대하지 않고, 그가 편안함을 느끼도록 하는 데 집중했다. 준비한 많은 질문 리스트를 덮어두고, 그의 친구가 되는 일에 집중했다.

대부분 환자는 어린 나이에 발병하여 일찍 사회와 단절되지만, 그는 비교적 늦게 발병 사실을 알게 되었다. 군대를 만기 제대하고 29세에 동원 예비군 훈련을 받으러 가던 중이었다고 한다. 그의 옆을 지나가던 아주머니가 던진 한마디를 듣는 순간 그의 인생은 전혀 다른 길로 접어

들게 되었다.

"몸이 건강해야지, 이를 어쩌누?"

아주머니는 누구도 알아차리지 못한 나병의 징후를 지나쳐가는 사이에도 알아본 모양이었다. 그는 왜 그러냐고 물었고, "얼굴에 기름기가 없는 것이 영락없이 나병 아니냐?"라는 확신에 찬 아주머니의 탄식에 되돌이켜 생각해 보니, 반점이 자주 있었으나 병원에 다녀봐도 두드러기라고 해서 그리 알고 있었고, 속 눈썹이 빠지기도 했으나 대수롭지 않게 여기던 터였다. 병원에서도 알아차리지 못한 것을 지나가는 아주머니가 한센병을 알아내 말해주었다는 사실은 그의 신념에도 영향을 끼쳤을 것이고 그래서 그의 의료에 대한 태도는 소극적이며 부정적일 수 있을 것이란 생각이 들었다. 그길로 1981년 8월 15일 소록도에 입도하였다. 서른이 다되어 발병하는 것은 흔한 경우가 아니었고, 갑자기 닥친 질병에 그는 혼란스러웠다. 어린 시절부터 소록도 생활에 적응해 온 다른 환자들과 달리, 군대까지 다녀와 서른이 다된 그가 이곳에 적응하는 일이 쉽지만은 않았다. 그는 자살 시도를 하였다. 모아둔 약을 먹고 3일 만에 깨어났으나, 그를 담당했던 간호사가 시말서를 쓰는 것밖에 바뀐 게, 바뀔 게 없었다. 그가 죽는 일이 결국 남을 괴롭히는 일이 된다면 그 또한 못 할 일이라 생각한 그는 마음이 힘든 것보다 몸이 힘든 것을 택했다고 한다. "잊으려 열심히 일했어요, 뭐든 찾아서 일해야만 했어요."

오지 마라, 네 조카가 걱정이다

그의 가족사에 관해 이야기할 때 그는 덤덤했다. 소록도에서 지낸 1년 후, 어머니를 만나러 고향을 찾아갔을 때 그의 어머니가 그에게 했던 "오지 마라, 네 조카가 걱정이다."라는 말이 그에게 각인되어 있었다. 배다른 누나가 있었고, 그 누나의 자식들에게 나쁘게 보일까 염려하여 오지 말라는 어머니의 말을, 그는 덤덤히 "그냥 받아들였다"고 말한다. 그리고 그 자리에서 그는 "앞으로 다시는 가지 않겠다"라고 약속했고, 그 약속을 지금도 지키고 있다고 굳은 얼굴로 말한다. 주변 환자들의 끊어진 인연을 찾아주기까지 한 그가, 어머니와 누나, 조카의 생가 여부를 지금도 모른다고 말하는 모습에서 그의 말과 굳은 얼굴 속에 숨어 있는 속마음을 짐작할 수 있었다. '모르는 게 아니라, 알지 않으려' 자신을 다잡는 그의 모습이 사뭇 애처로워 보였다. 자신을 거부했던 어머니의 이야기가 쉽게 나온 것도 아니다.

"현재는 가족이 없으니, 심심하지만 외롭지는 않다"는 그의 화두로 시작된 말은 "그렇다고 그런 일들로 화가 나지는 않는다"라고 자신의 가족사를 스스로 정리했다. 덤덤한 그의 말이, 필자에게는 모두 반어법으로 들렸다.

그는 소록도에서 결혼생활을 했고, 2~3년 전 이별했다고 한다. 소록도에서의 결혼은 혼자 사는 환자들끼리 하는 경우가 많았는데, 그는 특별하게도 소록도 자원봉사자와 결혼생활을 10여 년 동안 유지했다. 혼인신고는 하지 않았고, 자녀도 없었다고 하였는데, 그의 진술 전후의 맥락으로 비추어볼 때 아마도 그는 꽤 오랜 생활하는 동안 배우자의 거짓말과 방임에 상처를 크게 받았던 것처럼 보였다. "원래 나는 안 좋은 것은 빨리 잊으니까, 이미 다 잊어버렸다"라고 말했지만, 그의 돈을 노리고 동거를 유지하며 이런저런 감언이설로 그에게 상처를 입혔던 일은 주위 사람들의 전언으로도 확인할 수 있었다. 그 일로 인간에 대한 신뢰를 많이 잃었다고 말하는 덤덤한 그의 말투와 '손해를 보더라도 그러는 게 맞다'라고 갑자기 툭 튀어나온 맥락 없는 문장이 그런 전후 사정을 추측하게 했다. '그 후로 남의 집을 안 간다'라는 그의 말은 그가 쌓고 있는 담장처럼 들렸다. '이젠 상처받지 않는다. 큰 기대를 하지 않게 된다. 그럼, 실망이 없다.'라는 그의 말속의 문장들은 그의 다짐이었다.

그는 두 권의 수필집과 여러 편의 시집을 낸 작가이다. 앞서 말한 인간사의 아픔을 문학으로 승화시킨 것이다. 필자는 과거 문학의 순기능에 관한 정신분석학자인 프로이트의 주장으로부터 '예술창작의 심리적 기원이 승화(sublimation)이고, 예술가를 신경증(neurosis)으로부터 가까스로 도피한 사람'[*]이라는 말을 인용한 바 있다. 그 외에도 자서전이나 수필과 같은 글쓰기를 통해 고통받는 개인의 심리적인 문제가 치유될 수 있다는 심리학 논문은 무수히 많다. 그가 심리적 위기에 대응하는 방어기제의 하나로 문학을 통한 '승화'를 택한 것은 너무도 다행스

---

[*] 조안영. 「장편소설 『인간은 그것에 관해 아무것도 알 수 없으리라』의 창작 실제」, [박사학위]:광주대학교, 2020, 3면.

러운 일이다. 쏟아내지 않으면 못 견딜 스트레스들은 그의 작품을 통해 잘 표출되었다. 그의 두 번째 수필은 옆 호사에 살았던 동료 환자의 삶을 관찰하여 쓴 것이다. 그 작품은 인칭과 화법에 다소 서툰 부분이 있지만, 묘사와 감정들이 잘 표현되고 있어 실화 소설로 내놓아도 손색이 없을 듯했다.

그는 수 차례 필자와의 면담 속에서 소록도에서 살아오며 보고 듣고 겪은 많은 이야기를 쏟아냈다. 그의 이야기들을 관통하는 문제의식과 사유의 흐름을 보며, 그는 천생 작가라는 생각이 들었다. 특히, 통증에 대한 묘사나 신체 증상에 대한 은유는 환자만이 느끼는 감정을 핍진하게 전달하는 데 부족함이 없다.

그는 지금도 한하운의 진실을 밝히는 글을 쓰고 있다고 한다. 그의 또 다른 작품의 독자가 되길 기대한다.

여기서 죽고 싶지 않다

그의 문학에 대한 열정은 한센인으로서 삶에 대한 고민과 소명 의식과 연결되어 있었고, 다행히 필자 또한 소설가이자 문학박사로서, 얼마 전 상담심리학을 공부하고 석사학위를 받았던 덕에 그와 많은 대화를 어렵지 않게 이어나갈 수 있었다. 그중 하나가 죽음이란 주제였다. 의사가 환자와 죽음이란 화두를 꺼내 대화를 시작하기란 쉽지 않은 일이다. 필자가 소록도에 들어와서 가장 시급하게 필요하다고 느낀 것이 죽음에 대한 준비였다. 죽음에 대한 막연한 공포가 환자들에게서 느껴졌고, 이에 대한 회피가 그 외의 사람들에게서 느껴졌다. 환자가 아니더라도 사람은 늙고, 늙으면 죽는 것을 모르는 이가 없지만, 죽음에 관한 이야기를 꺼내는 것이 금기시된 사회 탓도 있겠지만, 특히 소록도에서 더욱 그러했다. 마을에 거주하다 치료 병동에 입원하고 악화하여 협력병원에 이송되고, 그곳에서 죽음을 맞이하여 다시 이곳에 돌아와 하루 만에 장례식을 치르고 화장되는 과정은 의사인 필자가 보기에도, 허무함과 거부감이 들게 되는 과정이다. 마을에 거주하는 환자가 입원하지 않으려는 이유가 '한번 입원하면 다시 마을로 돌아오지 못한다'라는 그릇된 신념 때문이라는 것도 얼마 되지 않아 알게 되었고, 그래서 사전연명의료 의향서를 도입하는 것부터 제안했었고 수많은 반대가 있었다. 오래 근무한 중간관리자급 직원조차 '그럼 환자 죽으라는 소리냐, 의사가 할 소리냐'라는 이야기를 들은 적도 있었다. 죽음에 대해 준비하는 것은 예쁜 옷을 입고 영정사진을 찍는 것과 다르지 않다. 강○석님도 이와 같은 생각을 하고 있었다. 그는 이곳 환자들에게 필요한 것이고, 앞으로 뻔히 닥칠 죽음을 회피하는 것이 얼마나 어리석은 일인지에 관해 열변을 토했다.

    그는 상처와 통증에 대해서도 은유적인 묘사를 즐겨한다. 상처는 숨구멍이라는 이야기는 그를 처음 치료했을 때 그로부터 들은 이야기다. 만성 골수염이 있어 폐쇄된 상태에서는 농(Abscess)이 생겨 결국 넓은 공간의 상처가 생기니 상처를 열어 농이 배출되도록 하는 일을 숨구멍이라고 표현한 것이다.

여기 환자들은 자식들에게 다 주고 마지막을 위해 들어온 사람들이라, 아프면 고가의 진단이나 치료가 아니라 통증만 사라지게 해주길 바란다는 말도 가슴이 아팠다. 비급여 등의 비용으로 치료비가 발생하면, 나을 것도 아닌데 검사는 해서 뭐하냐는 식의 열패감이 있다는 것이다. 그 치료비가 자식에게 전가될 것이라는, 짐이 되기 싫은 부모의 마음이다. 이 부분에 필자도 동의하지만, 진료과의 과장이라 한동안 그에게 비급여 비용 지원에 대한 호소를 들어야 했다. 그들의 바람과 병원의 정책 사이에 적절한 타협이 필요한 지점이다.

의료의 불신에 관한 이야기도 있었다. 과거로는 의학강습소 출신들과 지금의 공중 보건 의사, 또 단기간 왔다가는 과장급 의사들에 관한 이야기였다. 그가 의료에 기대하는 바는 사명감이나 책임감이었으며 걱정하는 것은 오진의 가능성에 대한 것이었고, 불만은 환자들이 "밖으로 보내 주세요" 하면, 의사들이 "어디로 보내드릴까요?" 하는 의료 시스템에 대한 것이다. 소록도병원은 치료할 생각은 없고 보내 준다는 개념이라는 것이다. 그의 불만에 대해 필자는 해명하지 않았다.

여기서 죽고 싶지 않다는 말을 그가 했다. 알지도 못하는 사람들과 만령당*에 같이 묻히기 싫다는 것이다. 연고자가 없으면 화장되어 모두 그곳에 합사되며 지금까지 만 천여 명이 그곳에 합사되었다. 필자는 수목장에 관해 이야기했다. 살아생전의 소록도에 자기 나무를 지정해

---

* 소록도 사람들의 유해가 모셔져 있는 납골당이다. 소록도에서 환자가 사망하면 하루 뒤 장례식을 치르고 화장하여 합사하게 되는 곳으로 1937년 건립되었다.

놓았다가, 화장 후 그곳에 묻히고 나무에 명패 하나를 비석 대신 걸어두는 일이면 좋겠다고 평상시 필자의 생각을 말해주었다. 장례문화를 획일화하지 말고 몇 가지를 마련하여 본인이 원하는 방식으로 했으면 한다는 데 공감대가 있었다.

중이 지는 싸움

소록도는 병원이기 전에 하나의 지역공동체로서 존재한다. 환자로서 수십 년을 보내는 동안 이곳에서 태어난 직원도 있고, 그들의 가족과 친척들도 병원에 근무하기 때문에 누구 동생, 누구 아들, 딸 하는 정도의 친밀한 인맥이 형성되어 있다. 환자들의 자치단체도 원생자치회, 이장, 사무실, 선도반, 산업반 등으로 이른바 '조무원 제도'를 병원의 초기 시절부터 운영하고 있다. 이는 환자의 자활과 부족한 의료 인력을 보충하기 위한 수단으로 소록도 역사의 시작과 함께 현재까지 지속되어 오면서 소록도의 문화가 되었다.

이런 관계들 속에서 다툼과 사건이 일어나는 것은 특별한 일이 아니다. 그가 조무원이었던 시절에도 그런 일들이 있었다. 문제는 이런 관계들이 객관적이어야 할 의료의 부분에 개입되어 여러 문제점을 일으켰다고 그는 말한다. 그런 일들로 그는 크게 실망한 듯 보였다. 중이 떠나야 하는, "중이 지는 싸움"이란 말로 그의 처지를 은유적으로 표현했다. 절은 바뀌지 않으니까, 절이 싫은 중은 떠나는 수밖에 없듯이, 병원은 바뀌지 않으니, 이의를 제기하는 것보다 떠나는 길을 택해야 하는 중과 같은 처지라는 은유였다. 환자의 사망 이유에 대해 공개하지 않고 쉬쉬하는 것도 문제가 있다고 했다. 감기 증세였던 환자가 입원 후 갑자기 죽었는데, 없는 일인 양 그 일에 대해 아무도 말하지 않았다며 메르스 당시에 그런 일들이 많았다고 회고했다. 사실 여부를 떠나, 눈치를 보며 쉬쉬하는 문화가 개선되고, 환자의 사인에 대해 투명하게 말할 수 있는 분위기가 되었으면 한다는 말에 필자도 공감한다. 개인정보 보호법에 따라 말할 수 있는 부분과 말할 수 없는 부분이 있겠지만, 환자의 사망은 병원으로서는 소홀한 부분이 없었는지 따져봐야만 하는 부분이고, 망자를 보내는 처지에서는 동료의 죽음이 어떤 연유가 있었는지 알 수 있어야 그들을 진심으로 추모할 수 있을 것이다. 그런 변화들로 '입원하면 죽는다'라는 환자들의 그릇된 신념을 바꿀 수 있었으면 한다는 그의 말에 동의한다.

자원봉사자

앞서 그는 29세에 소록도에 입도했다고 했다. 지금도 그렇지만 당시도 소록도에는 노인 환자가 많고 '손이 필요한 사람' 즉 청소나 식사, 빨래 등을 도와줄 사람이 부족했다. 이들을 돕는 사람을 "부첨인"이라고 불렀는데, 가장 몸이 덜 불편한 사람이 그 일을 도맡아 했다. 그런 일들을 한동안은 자원봉사자들이 해주었는데, 지금은 코로나로 자원봉사 활동이 중단되어 아쉽다는 말을 자주 했다. 자원봉사자에게 고마워해야 한다면서도, 환자와 친해진 뒤 이들을 속여 통장을 훔친 자원봉사자도 있었다며, 자원봉사에 관한 여러 가지 일들을 이야기했다.

일반인들의 자원봉사와 더불어 교회나 단체의 자원봉사 활동도 활발했으며, 그로 인해 마을은 생기가 돌았었다는 그의 말 뒤에 아쉬움 같은 것이 묻어있었다. 지금은 그들의 자리를 유튜브가 차지하고 있다며, 자조 섞인 말을 하였다. 노인들의 외로움은 이곳만의 문제가 아니다. 외부와의 소통이 그들의 유일한 낙이었음을 그는 다시 강조한다. 자원봉사자들도 그들을 보며 자신의 어려움을 통찰하는 계기가 될 것이며, 환자들은 그들로부터 물질적 도움과 정서적 안정을 얻을 수 있으니, 누구에게도 해가 되지 않을 일이다. 앞서 그가 말한 사기꾼들만 잘 걸러낸다면 말이다. 아마도 과거 아내로부터 겪은 경험 때문에 자원봉사자에 대한 경계도 있을 것이다. 그런데도 그는 외부와의 적극적인 교류를 원하였다. 그들로부터 문학적으로 많은 교류를 해왔고 그로부터 위안을 얻었다는 방증이기도 하다.

문화 예술 활동

그는 50~100점씩 걸개그림을 제작하여 전시하는 시화전을 기획했다. 소록회라는 단체가 해록회라는 단체로 바뀌면서 여러 가지 일을 경험한 듯했다. 지금도 해록회는 외부 전시회를 활발히 하고 있으나 그는 해록회를 나와 다른 활동들을 하고 있다고 한다. 외부 사람들이 방문하여 소록도의 작품전시를 관람했으면 한다는 소망도 밝혔다. 추후 광주에서 시화전을 준비하고 있으며 활발한 활동을 할 수 있었으면 했다. 그의 문학에 대한 열정이 아직도 식지 않았음을 다시 한번 느꼈다. 그는 한하운 문학상을 활성화하고 그 시상식도 소록도에서 개최하길 희망한다. 소록도의 역사를 그의 자신의 역사처럼 문학으로 승화하고 싶은 마음일 것이다. 문학과 예술의 교류를 통해 그가 스스로 많은 것을 채웠던 것처럼 주변의 환자들뿐 아니라 직원들도 그런 활동들을 통해 성취를 이루길 바라며, 그것이 소록도 문학, 소록도 예술로 자리매김하여 하나의 문화로 승화하길 바라는 그를, 필자는 진심으로 응원한다.

소록도
인간 박물관
(이○철의 서사)

소록도 인간 박물관

이○철(1974 .2 .26)

소록도에는 100주년을 기념하여 건축된 멋진 박물관이 있다. 만약, 소록도 주민들 중에 박물관이 있다면, 그건 단연코 이○철님일 것이다. 그는 1949년에 출생해 1960년 발병 후, 동네에 숨어 살다가 1966년 소록도에 입도하여 한 평생 이곳에서 생활한, 자타공인 소록도의 터줏대감이다. 젊은 시절 사진사로 활동하여, 그동안의 행사와 관련한 많은 인물 사진과 함께 사건들을 두루 경험한 터에 소록도 인간 박물관이라 불려도 과장이 아닐 터이다.

그에게 필자는 반드루겐 부룩에 관해 물었다. 그는 벨기에의 성형외과 의사로 필자와 같은 나이에 소록도에서 5년간 일한 사람이다. 그는 소록도에 근무한 첫 서양인 성형외과 의사이기에 필자의 관심을 끈 인물이다. 이○철님은 그의 이야기뿐만 아니라 '나비'라 불렸던 서양인 보조 의사의 이름도 기억했다. 그는 2023년 국민훈장 모란장을 받아 매스컴에 등장했던 벨기에 의사 샤를 나베이다. 그 외에도 젊은 나이에 소록도를 거쳐 간 토플도 있다. 그는 기독교 선교사로 여수 애양병원에 근무하며 소록도에서 한센인을 진료하기도 했다.

필자가 반드루겐 브룩에 관심을 가진 건, 그의 나이 때문이었다. 개업의 생활을 접고 소록도에서 근무를 시작한 필자의 나이와 같은 '49세'에 소록도에 왔으며, 성형외과 의사라는 점이 필자에겐 흥미로웠다. 20대의 젊은 의사인 샤를 나베, 토플과는 다른 처지일 수밖에 없을 것이다. 그리고 그가 소록도에 가져온 늙은 백마에 관한 이야기도 이○철님에게 들을 수 있었다.

그가 이곳에 온 일은 일제강점기와 해방기를 거치며 자생적으로 구성된 5~60년대의 낙후된 병원의 진료체계를 현대화시킨 계기가 되었다. 수용소에서나 볼 수 있는 환자가 환자를 치료하는 진료체계는 해방 이후로도 얼마간 지속되었다. 일본인들에 의해 기틀이 세워진 권위적인 소록도병원의 진료체계에 반드르겐 부룩이 이뤄낸 변화는 결코 간과되어서는 안된다. 그리고, 너무나도 유명한 마리안느와 마가렛 간호사가 있다. 사람들은 그들을 수녀님이라고 부르는데, 그들은 벨기에 다미안 재단에서 파견된 오스트리아 출신 간호사로 역시나 다미안 재단에서 파견된 반드루겐 부룩, 샤를 나베와 함께 정부와 협약을 맺고 소록도에 파견된 의료인이다. 다미안 재단은 하와이에서 한센병 환자를 돌보다 한센병에 걸려 순교한 성 다미안 신부를 기리기 위한 천주교 재단이고, 마리안느와 마가렛 간호사는 그리스도 왕시녀회 소속으로 평신도로 종신 서원을 받았다. 선교 활동이 목적이 아닌 이유로 그들은 소록도에서 대다수인 기독교인과도 친밀한 관계를 유지했다. 이○철님은 현재도 기독교 장로님으로 봉사하고 있지만, 마리안느와 마가렛 간호사와 각별한 관계였고, 그들과의 많은 에피소드를 이야기해 주었다.

그들에겐 딱딱한 관료주의 의사보다는 손잡아주고 그들의 건강을 걱정하는 따듯한 말 한마디가 더 큰 약이었다. 그때는 귀했던 약품, 담요와 여러 가지 서양 물품들, 전지분유* 등은 획일적인 취급을 받는 것에 익숙했던 이○철님을 비롯한 환자들에게 더 크게 다가왔다. 외국인을 비롯해 소록도에서 일했던 수많은 의사들은 호불호의 평가가 갈리지만, 마리안느와 마가렛 간호사는 불호를 찾기 힘들다. 얼마 전 마가렛 간호사가 선종하였다는 소식이 있었다. 이○철님도 그 소식에 그를 진심으로 애도했고, 소록도의 모든 사람도 그러했다.

---

* 먹을 것이 충분하지 않았던 1960년에 마리안느와 마가렛 간호사는 환자들의 영양상태를 걱정해 오스트리아로부터 단백질이 풍부한 전지분유를 공급받아 환자들에게 매일 한 잔씩 따라주었다고 이○철님은 말한다.

감나무가 많은 이유

　예전엔 먹을 것이 없어 항상 배가 고팠다고 한다. 당시 대한민국의 어디서도 그랬겠지만, 외부의 지원에 전적으로 의존하던 소록도는 그 정도가 훨씬 심했다. 신정식 원장은 이곳 환자들에게 가장 많이 회자되는 분 중 한 명이다. 원장으로 진료를 하신 분은 그분이 처음이었다고 이○철님은 기억한다. 환자들이 환자를 치료하도록 환자를 교육하는 의학강습소를 대신하여, 일반인을 상대로 정식교육을 통해 간호조무사 자격을 취득하고 소록도병원에 취직하여 일하도록 한 분이었다고 한다. 그는 안과 개업 의사였는데, 다리가 불편하셨지만 틈만 나면 환자 지대를 돌아다니며 불편한 점이 없는지 묻고 다녔고, 배고픈 환자들을 위해 유실수를 사들여 소록도 곳곳에 심었고, 과실이 열리면 그걸로 당분을 보충하도록 했다. 10여 년간 근무하면서 흉골천자 검사로 나균을 검사하는 방법을 도입하는 등 환자의 원성을 산 일도 있었지만, 그 나름대로 환자를 위해 진심이었던 사람으로 이○철님은 기억했다. 그분 덕에 가을이면 마을 곳곳에 단감과 대봉이 열리고 유자가 맺히는 모습을 볼 수 있다.

소록도에서의 성장기

　어린 나이에 부모의 손에 이끌려 들어와 소록도에서 혼자 살아왔다는 일에 그의 어린 시절의 일들을 물었다.

"내가 그때 어리기도 했고, 못 배웠기 때문에 인제 배우라고, 주변에서 자꾸 학교를 가라고 하더라고요. 5학년 다니다가 왔기 때문에, 여기 녹산국민학교에 편입을 했어요. 나도 나이가 많긴 했는데, 당시에는 서른 살인 사람도 있고 그랬어요."

녹산국민학교는 소록도 내에 있는, 지금으로서는 초등학교이다. 네 칸의 교실이 있는 교사는 지금도 중앙공원 아래 운동장 한편에 자리하고 있다. 당시 환자 중에는 고등교육을 받은 환자도 꽤 있어 이분들이 선생님으로 활동했다.

"그때는 '부첨인'이라고 그런 게 있었어요. 그게 약한 사람들만 사는 방에 그 사람을 돌봐주는 사람인데. 그러다 보니 뭐라도 해야 할 것 같았어요. 그냥 좀 배우고 싶기도 하고, 또 그때는 학교 다닌다고 하면 사정을 많이 봐주었어요. 일도 좀 덜 시키고, 그런 게 좀 있었어요. 그렇게 녹산 초등학교를 졸업했는데, 열댓 명 정도였어요. 중학교까지 다녔어요. 그때는 고등공민학교라고 불렀어요. 1971년에 중학교를 졸업했는데, 졸업하고 고등학교를 몇 달 다니다가 그만뒀어요. 그리고 71년 초, '의료조무원'을 시작했어요. 그 당시에는 젊은 사람 중 조금 쓸 만하다 하는 사람들이 있으면, 그때 의료부에 사무장이라는 분이 있었는데, 그렇게 사람들을 불러다 썼어요. 중앙리 치료실에 들어가서 조금 하다가 또 신생리 치료실에서 하다가 나중에는 피부과, 안과, 내과에 있었어요. 우리 조무원만 해도 한 30면 정도 된 거로 알고 있어요. 간호 역할을 했지요. 주사도 다 놓고, 사무장이 우리 환자 중에서는 총책임자, 그리고 각 과에는 주임, 또 간호가 있고. 출근하고 치료실에서 야간에는 자는 사람(당직자)도 있고 그랬어요. 거기는 방 정해놓고 아예 사는 사람도 더러 있었어요. 월급은 한 이천 원이나 됐나 모르겠어요. 그래도 치료를 하니까 자부심을 갖고 일했어요. 처방은 의사 선생님들이 하는 거고. 그러니까 진찰해 주라고 순위를 병원으로 보내요. 그러면 약이 내려오거든. 약이 나오면 달아놓고 맞는 주사, 궁뎅이(엉덩이) 주사, 혈관주사 다 놓고 그랬어요. 의학강습소 출신 몇 사람이 같이 있었어요. 그런 사람들이 기술도 갈켜(가르쳐) 주고, 치료도 약을 조절해 가는 거 갈켜 주고 그랬어요.”

고등학교 교육을 포기하고, 환자가 환자를 치료하는 의료시스템 속의 '의료조무원'으로 젊은 시절을 보낸 이○철님의 성장기는 필자에게 일종의 부채감을 느끼게 했다.

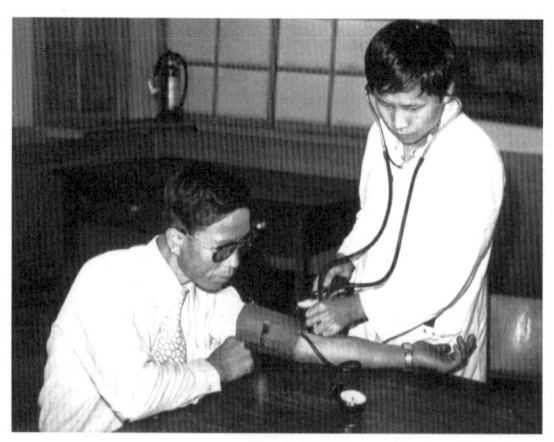

1972년 내과 의료조무원 시절 이○철님

장례식

　이○철님은 장로님답게 행복하고, 항상 감사하며, 매사를 긍정적으로 바라보는 분이다. 면담 과정은 일반적으로 힘들고 어려웠던 경험들에 집중하고 그런 일들을 긍정적으로 바라보도록 격려하는 과정이다. 그런데 면담 초기의 이○철님에게는 그런 점을 찾기가 여간 어려웠다.

　여느 면담 과정 중, 그간 가장 가슴 아팠던 일을 말해달라는 요청에, "뭐, 옆에 사시는 분 돌아가실 때가 그렇죠, 특히 젊은 사람이."라는 답을 들었다. 필자는 작년 여름의 박대식(가명)님의 장례식에 이○철 장로가 추모사를 하던 모습이 떠올랐다. 진료실을 일주일에 두세 번씩 찾았던 박대식님에 관한 기억은 필자에게도 생생하다.

　그는 아무 때나 예약이나 접수 없이 불쑥 문을 열고 진료실에 들어오는 환자였다. 그래도 얼굴을 붉힐 수 없는 것은 그의 해맑은 얼굴 때문이었다. 매일 아침, 외부와 맞닿아있는 병원 안내소 앞에서 누군가를 기다리던 대식씨, 그 길을 지나는 나에게 항상 손을 번쩍 들어 인사를 해줬던 그였다. 사실, 그는 지적 능력이 다소 떨어져, 항상 누군가 돌봐주여야 할 대상이었지만, 그의 큰 활동반경을 주변의 누구도 커버하기 어려웠다. 그리하여 "천방지축 대식씨"라는 별명이 붙여지기도 했다. 그래도 대식씨를 만나면 주변 사람들 모두 기분이 좋아졌다. 시원스러운 그의 대답, 항상 해맑게 웃는 그의 얼굴, 껑충하고 엉거주춤한 그의 걸음걸이가 그의 트레이드 마크였다. 필자와 같이 진료하는 외래 간호사는 아무 때나 진료실을 드나드는 무계획한 그를 타박했지만, 아파서

찡그리는 환자보단 맑고 즐거운 환자가 더 좋지 않냐는 필자의 만류에 곧바로 수긍하곤 했다. 그래도 다음엔 접수를 미리 했으면 좋겠다는 말을 건네면, 어김없이 그는 오른손을 번쩍 들어 올리며, "옙!"하고 대답하며, 소풍 가는 아이의 걸음으로 진료실을 나서곤 했다.

대식씨의 장례식날. 아침 뉴스엔 서울에 많은 장맛비가 내려 강남이 물바다가 되었다고 세상이 떠나갈 듯 시끄러웠다. 그날 소록도의 아침은 햇빛을 가릴 만큼만 흐리고, 시원한 기운을 줄만큼만 습한 여름날 날씨였다.

40여 분의 장례 예배가 끝나고, 그의 관이 장의차에 옮겨졌다. 그리고 장의차가 출발하려는 순간이 다가오자, 하늘이 뚫린 듯 비가 쏟아지기 시작했다. 양철로 만든 장례식장의 지붕을 뚫을 듯한 기세로 요란한 소리를 내며 폭포수 같은 빗방울이 쏟아졌다. 출발하려는 장의차는 털컥거리기만 할 뿐 움직이지 않았다. 계속된 시도에도 시동이 걸리지 않는 것이다.

'가기 싫은가 보구먼…'하고 필자가 읊조렸을 때, 그 말을 들은 옆 사람들 서너 명도 고개를 끄덕였다. 이게 그의 뜻이라면, 그는 신과 사람 사이의 중간에 있는 인물일 수도 있겠다는 생각이 들었다. 누구나 '천사'를 알지만, 누구도 '천사의 모습'을 알지 못하니까. 그런 일들이 세상천지에 어디 한두 가지뿐일까, 싶었다.

걱정 많고 생각 많던 필자에게, 조금은 어리숙하고, 조금은 명랑하게 살아가라고. 의사라는 책임감은 손끝과 머릿속에만 간직한 채, 천방지축 즐겁게 살아가라고, 대식씨는 마지막 가는 길에 장례식장 지붕을 그렇게 신나게 두드렸나 싶다. 마치 폭죽이 터지는 하늘을 필자에게 선물하는 것 같았다. 남은 날들을 신나게 천방지축 살아가라고.

소록도 어르신들과 달리, 오직 "대식씨"로 불렀던 그의 장례식이었다.

이○철님은 그의 일에 일종의 책임감을 느낀 듯했다. 사실 박대식님은 이곳에 살다 탈출해 고향인 포항의 한 정착촌에 살고 있었다. 아마도 인지 기능이 떨어진 탓에 그곳에서도 크고 작은 문제를 많이 일으켰는지 그곳 정착촌에서 수소문하여 이○철 장로님과 연락이 닿았다. 정착촌에서는 그를 소록도병원에 보냈으면 하였으나, 박대식님은 과거 감금실에 갇혀 지낸 기억 때문에 거부하는 상황이었다. 무단으로 병원에서 탈출했던 그가 병원에 돌아가면 벌칙으로 감금실에 다시 갇힐 것으로 생각하여 오기 싫다고 실랑이를 벌였다. 그런 그를 위해 이○철님은 화상통화를 해가며, 괜찮다고 이제 그러지 않는다고 그를 설득하여 소록도로 오게 했다.

'내가 오라고 하지 않았으면, 안 죽었을 텐데.'라는 말을 읊조리며 눈물이 맺힌 그의 눈에는 여러 감정이 실려 있었다.

앞서 말한 행복과 감사, 긍정의 마음엔 상처가 많았다.

그가 기억하는 많은 사람

　1951년도에 북한에서 100명이 소록도에 입원한 일이 있다. 미군이 석탄 운반선에 그들을 싣고 겨울 선착장에 그들을 내려놓았다고 한다. 1달 가까이 가둬두고 사상검증을 한 후, 소록도에 입원할 수 있었다. 그중 마지막까지 생존하신 분이 박정자님이라고 이○철님은 그를 기억했다. 남한에서 남편을 만나 신성교회에서 결혼했고, 전동차 사고로 돌아가셨다는 것까지 이○철님의 기억엔 많은 사람의 생로병사가 들어있었다. 45년 해방 전, 북에서 내려온 분도 3병동에 계시다 돌아가셨고, 사연 많은, 많은 사람이 그의 기억에서 외롭게 돌아가셨다. 돌아가신 후에도 아무도 그들을 찾지 않았고, 가끔 연락을 끊고 지내던 친척이 돌아가신 분의 재산을 찾아 연락해 오기도 했다. 돌아가신 분들의 자식들 사연 또한 이○철님은 많이 알고 있었다.

　젊은 시절 의료부에서 조무원으로 일한 탓에 환자뿐 아니라 이곳을 거쳐 간 의사들에 대해서도 많은 이를 알고 있었다. 산부인과 의사인 전풍자님은 소록도 최초의 여자 의사였다. 개신교 신자였고 일본에서 살다 귀국하고 소록도에 오신 분으로 70년대 중반부터 81 또는 82년까지 일하시고 나이가 많아 그만두셨다고 한다. 그분의 큰 아드님은 신부님인 것까지 이○철님은 기억하고 있다.

발병과 입원까지

이○철님의 발병에 관한 이야기는 마지막 면담에 다뤄졌다. 그의 발병에 대해 그가 하는 진술들에서는 어떤 감정이나 정서를 느낄 수 없었는데, 면담 이후에도 알 수 없는 그의 표정이 한동안 떠올랐다. 이후 면담의 내용을 정리하고, 또 시간이 흘러 그의 서사를 다듬는 과정에서 그 당시 그의 나이가 떠올랐다. 열 살 전후, 천방지축 동네를 뛰어다니던 해맑은 어린아이였던 이○철에게 발병은 질병과 그 예후를 알지 못하는 그에게 공포를 느낄만한 일이 아니었을 것이다. 그냥 아버지의 손에 이끌려 소록도에 내맡겨진 것이, 그러니까 질병보다는 아버지와 가정에서부터의 이탈이 사실상 그가 당시 느낀 두려움의 전부였던 것 같다. 그는 아버지에 대한 기억을 묻자, '그냥…. 철도공무원이었다'라고 답했다. 그의 대답은 무채색이었다.

그가 전에 살던 마을 옆에 한센병 환자들이 사는 동네가 있었다고 한다. 눈썹이 빠지고 일그러진 얼굴의 사람들을 그냥 그런 사람들인가 보다 하고 지나쳐 다녔는데 그가 어느 날 얼굴이 붓고 몸이 이상해지는 것을 느꼈단다. 그냥 그런가 보다 하고 지냈는데, 마을 사람들이 옆 마을의 그런 사람들을 많이 봐서 그런지 그의 한센병을 금방 알아차렸고 그의 가족에게 알렸다. 근방에 큰 병원도 없어 함평보건소까지 가서 진찰받았고, 한센병이라는 진단에 디디에스를 복용했으나 증상은 나아지지 않고 계속 지속되었다고 한다. 어느 날, 불현듯이 철도공무원인 아버지의 손에 이끌려 소록도에 오게 되었다. 휴가를 낸 아버지와 함께

기차를 타고 벌교까지, 벌교에서 버스를 타고 녹동까지 들어오는 동안 도 아버지와의 첫 여행이라는 설렘과 버려지러 가는 느낌의 두려움이 섞여 있었다. 그는 그 순간을 '그냥 그랬다'라고 말한다.

그는 다른 사람들과 달리 대기 없이 바로 소록도에 입도하였는데, 나중에 안 일이지만, 그때가 66년 5월 16일이 50주년 개원기념일 전날인 탓에 소록도로 들어가는 사람들이 많았고 그 틈에 끼어 들어오게 되었다는 것이다. 다른 환자들은 제비 선창을 통해 들어와야 했고, 많은 환자가 소록도에 들어오려고 대기하던 시기였다고 한다. 제비 선창이란 한센병 환자들만 드나드는 소록도의 선착장이다. 환자들이 자체적으로 운영하는 "구라호"라는 작은 동력선을 타고 들어와야 하는데 당시는 입원을 잘 시켜주지 않아서, 한 달 가까이 기다리는 일도 다반사였다. 입원을 원하는 사람들은 그렇게 대기하다 조직검사, 피부조직 검사를 하고 양성인 사람만 입원시키는데, 이○철님은 바로 양성이 나와 삼사십 명 정도 되는 사람과 오래 기다리지 않고 간신히 입원했다고 한다. 무미건조한 어투였지만, 소록도에 그를 맡겨놓고 간 아버지를 향한 그의 마음에는 그리 단순하게 느껴지지 않았다.

소록도에서의 54년의 삶은 그때부터 이어지고 있다. 그는 앞으로도 지금처럼 행복하게 계속 이곳에 머물 것이라 말한다. 소록도를 떠올릴 기회가 있다면, 반세기가 넘는 세월을 함께한 소록도 인간 박물관 이○철님이 이 자리를 계속 지키고 있음을 기억했으면 한다.

5  구술 서사와 서사 문학

일인칭 관찰자 시점으로 쓰인 두 편의 의료 서사 문학작품(수필)을 살펴보았다.

구술기록(구술 사료)은 개인이나 집단의 기억을 구술, 즉 입으로 말하도록 해 역사적 사실로 정리한 것이다. 이와 같은 역사 서술 방법은 극적 구성을 위해 의도적으로 가상의 사건을 만드는 것과 같은 '학문적 의미의 픽션(허구)'이 가미될 위험으로부터 자유로운 장점이 있다. 면담을 통해, 즉 면담자와 피면담자(구술자)의 공동작업을 통해 생산되며, 면담자가 구술자를 알지 못하는 관계라면 진술은 더욱 주관성과 개인성을 띠게 되고, 개인의 과거 체험과 기억에 의존한 구술증언에는 왜곡이 존재할 수도 있다. 구술기록에는 녹음이나 녹화자료, 녹취록 등이 포함된다. 면담의 순서, 녹취기록의 재구성 등을 통해 재배열할 수는 있으나 구술자의 일차적 구술을 변형 없이 그대로 사용하기에 구술 서사로 볼 수는 있지만, 서사 문학 또는 예술의 영역이라고 볼 수는 없다.

글이 되기 이전의 소재, 즉 글감이 되는 사건들을 이야기(story)라고 하고, 작가에 의해 그 사건들이 서술되는 방식의 총체를 담화(discourse)라고 한다. 이야기를 담화로 전환하는 과정에서 작가는 층위를 형성할 수 있다. 하나의 이야기가 아니라 여러 이야기를 엮고 플롯을 만들어, 여러 층위의 서사를 이뤄 담화를 만들어 갈 수 있다. 분석적인 관점에서, 이야기는 어떤 존재(existent)들의 어떤 일(events)이라 말할 수 있다. 존재에는 인물(characters)과 배경(settings), 일은 행위(actions)와 사건들(happenings)로 이뤄진다. 이를 재료로 작가가 담화(discourse)로 엮어내는 과정을 통해 문학적인 서사물(narrative text)이 만들어진다*.

구술증언, 구술 사료, 이야기(story), 서사(내러티브), 기록 서사, 서사 문학 등 수많은 용어가 혼동되고 혼용되어 사용되고 있지만, 크게 보면 이 모두 내용 면에서 각기 하나의 서사 또는 내러티브로 볼 수 있다. 서사의 재료인 구술기록의 내용은 그것이 문학으로 승화되지 않는다면, 하나의 기록 자료에 머무를 수밖에 없을 것이다. 원석을 가공해서 보석을 만드는 일은 원석을 캐내는 일만큼이나 중요하다는 관점에서 한센인의 삶을 더 깊이 들여다보고, 구술이란 내용에 문학이란 형식을 입히는 작업을 시도해 보는 것도 값진 일이 될 것이라는 확신에서 경험과 기억의 기록을 넘어, 정서와 감정의 공유에 이르는 방식으로 문학의 시선에서 접근하고자 했다. 서사가 문학성을 획득하는 과정은 섬세하게 다뤄져야 한다. 이에 기초한 한센병 문학은 한센병력자의 고통과 그들

---

* 오탁번, 이남호. 『서사문학의 이해』, 고려대학교 출판문화원, 1999, 62~66면.

의 삶에 관한 문학의 장르를 일컫는다. 좁은 의미로 작가가 한센병력자인 문학작품을 일컫고 광의로는 한센병을 다룬 문학작품을 일컫는다. 다만 한센병의 질병 체험과 한센병력자의 삶을 다룰 수 있으려면 한센병력이 있는 작가만이 가능하다는 주장이 대체로 인정되며, 작품의 핍진성 측면에서도 그런 주장이 타당하다고 받아들여지고 있다. 그리고 보편적으로 개인의 질병체험과 관련된 서사를 의료서사로 정의하는 관점에서 본 연구의 결과물을 한센병 문학의 영역이라기보다 의료 서사 문학이라는 영역에 두는 것이 바람직하다고 판단된다.

문학의 4요소를 정서, 상상, 사상, 형식이라고 하는데, 이는 문학이 내용적인 면에서 정서, 상상, 사상을 내포하고 이를 드러내는 일정한 틀, 즉 형식을 지녀야 한다는 것이다. 수필은 마음 가는 대로 형식의 구애를 받지 않고 자유롭게 쓸 수 있는 특별한 글이지만 문학이 크게, 형식과 내용으로 이루어져 있다고 할 때 내용의 자유와 형식의 자유를 모두 그 본성으로 가져야 한다. 무형식의 형식이라 하여 자유로움 안에 내재한 수필만의 작법이 있음을 유의해야 한다. 글쓴이의 견고한 철학이 들어가 있지 않은 수필이란 본격적인 수필에 넣을 수 없으므로 수필이라고 이름 지어진 글은 심미적 가치를 지닌 개성적인 글을 지칭하는 것이다. 삶에 대한 고결한 깨달음을 담은 잘 쓰인 글만이 독자에게 감동을 주며 인생의 방향을 일깨울 수 있다[*].

---

[*] 조태일, 김영석, 김종회 등. 『문학의 이해』, 한울아카데미, 1999, 22~27면.

한센인의 삶, 한센병의 질병 체험을 재현하는 주체는 한센인 자신, 의사와 간호사 등 의료관계자, 선교사와 목사 등 종교계 인물들, 그리고 건강한 일반인 등으로 다양하게 분류된다. 그런데 소록도병원에 거주했던 환자들, 전국 각 지역요양소에서 거주한 한센인들, 한센인들의 치료를 담당했던 의학계 및 종교계 인물들이 남긴 기록들에는 적지 않은 균열이 보인다.

한센병을 체험한 한센인 삶을 재현하는 태도는 중립적이지 않다. 이를 재현하는 언어는 재현 주체의 성격과 위치에 따라 서로 다른 기억과 서사를 들려준다. 이를 관통하기 위해서는 다양한 텍스트들을 교차해서 겹쳐 읽는 작업을 병행해야 한다. 이와 같은 작업은 의학, 역사학, 인류학, 사회학 등 여러 분야의 연구 성과에 힘입어 진행해야 할 학제적 공동 연구 과제이다[*].

한센병 체험의 기억을 문학의 형식으로 기록하는 방식은 다채롭다. 한센병 문학이란 장르를 소개하며 한순미는, 기억과 서사의 주체가 누구인가에 따라 한센인에 의한 '자전 서사'와 한센병을 소재 혹은 주제로 한 '허구 서사'로 나눌 수 있다고 주장한다. 자전 서사에는 한센인들의 비극적인 경험과 내밀한 고백이 담겨있다면, 한센병을 모티프로 한 허구적 성격의 서사에서는 한센병에 대한 인식과 공간에 얽힌 역사적 사건들을 통해 새로운 문제의식을 제기한다. 한센인의 자전 서사에서는 환자로서 자기 인식과 정체성, 몸과 질병, 삶과 죽음에 관한 인식 및

---

[*] 한순미, 『격리-낙인-추방의 문화사』, 전남대학교 출판문화원, 2022, 57면.

세계관을 볼 수 있다. 한센인의 일기, 편지, 자서전, 수필 등에는 슬픔, 고통, 저주, 울분, 복수 등의 감정의 결들이 복잡하게 교차한다. 그곳에서 한센인들의 자기 정체성과 일반인들이 한센인들을 바라본 시선의 차이가 전해진다*는 입장이다. 이런 분류는 한센인에 의한 수필(또는 자전소설)과 외부의 시선으로 이들을 소재로 활용한 소설을 단편적으로 일컫는 것으로, 한센인의 자전서사만이 진정한 한센병 문학이란 담론을 지지한다. 그럼에도 문학의 시선은 구술증언, 서사 기록, 자전 서사 문학 등 자전과 허구의 '서사'에 담긴 정서를 이해하고 받아들이는 과정, 아직 충분하게 전달하지 못한 소록도 한센인의 체험과 기억을 받아들이는 과정에 반드시 요구되는 것으로 위의 두 가지 단편적인 분류 밖의 수많은 가능성을 발견하려는 시도가 바람직한 문학의 태도라 할 수 있다.

---

* 한순미. 『격리-낙인-추방의 문화사』, 전남대학교 출판문화원, 2022, 58면.

6  정서중심, 표현예술 치료: 인간중심 접근으로

　연구방법에서 "면담의 과정은 칼 로저스의 인간중심 이론에 기초하여 진행"한다고 언급한 바 있다. 칼 로저스(Carl Rogers, 1902-1987)가 주장한 인간중심 접근으로서 정서중심 치료(Emotion-focused therapy)는 다양한 정서 경험의 자각, 수용, 이해의 중요성을 강조한다. 내담자는 상담과정에서 자신의 정서를 확인하고, 경험하고, 수용하고, 표현하고, 탐색하고, 변형하고, 조절하도록 격려받는다. 감정을 경험하고, 오래된 감정을 새로운 긍정적 감정으로 대치하는 행동은 교정적 정서 경험을 제공할 수 있다*. 상담자(연구자)는 일치성(진솔성과 진실성), 무조건적 긍정적 존중(수용과 돌봄), 정확한 공감적 이해(다른 사람의 주관적 세계를 깊이 이해할 수 있는 능력)이 요구되고, 상담의 목표가 내담자가 더 높은 수준의

---

* Gerald Corey/ 천성문 등 역. 『심리상담과 치료의 이론과 실제』, 센게이지러닝코리아, 2017, 201면.

독립과 통합을 이루어서 그들이 당면한 문제에 더 잘 대처해 가도록 한다는 점에서 본 연구의 목표에 부합하는 측면이 있다.

본 연구 동안 진행된 각 5차례의 면담에서, 첫 번째 연구목표였던 "환자와의 면담을 통해 본인이 감정이나 태도를 드러내도록(ventilation)하여 정화(catharsis)를 유도"하는 과정을 통해 인간중심, 정서중심 치료의 세부 내용을 충실히 이행하기 위해 힘썼으며 피연구자의 반응과 연구 결과물을 통해 목표했던 바를 충분히 달성되었다고 사료된다.

인간중심 접근을 자발적인 창의적 표현으로 확장시킨 개념은 표현예술 치료(Expression Art Therapy)로 칼 로저스의 딸인 나탈리 로저스(N Rogers, 1993)에 의해 정립되었다. 표현예술 치료는 성장, 치유, 자기 발견 등의 목적을 위해 다양한 예술 양식을 사용한다. 이는 인본주의 원리에 기초하며, 모든 사람은 타고난 창조적 능력을 지니고 있으며, 창조적 과정은 변형적이며 치유적이고, 인격의 성장과 높은 의식 수준은 자각, 자기이해, 통찰을 통해 성취된다고 주장한다. 자각, 이해, 통찰은 슬픔, 분노, 고통, 두려움 등의 감정을 탐색할 때 얻을 수 있으며 우리의 감정과 정서는 표현예술을 통해 방출되고 변형되는 에너지원이라는 개념으로 표현예술 치료를 통해 내담자를 무의식으로 인도하여 이전에 알지 못했던 스스로의 내면을 표현하여 새로운 정보와 자각을 갖게 해준다는 개념이다. 이러한 다양한 예술 형식과의 만남을 '창조적 관계맺기'라고 부르며, 인격적 성장은 진실하고 따뜻하며 공감적이고 개방적이며 정직하고 진솔하며 돌보는 상담자 또는 촉진자가 만드는 안전하고 지지적인 환경에서 일어난다*고 주장한다.

 연구의 두 번째 목표였던 "채증된 구술을 토대로 연구자가 의료서사(수필)를 창작하여 환자가 이를 문학작품으로 읽는 과정을 통해 스스로를 낯설게 보도록 함으로써 성찰을 이끌어 낼 수 있으며 이를 통해 심리적 치유효과를 유도"는 표현예술 치료의 과정으로 접근할 수 있다. 신체의 장애로 인해 서사(수필)의 창작에 제한이 따르는 환자와 면담을 통해 환자와 공감적 신뢰를 형성한 연구자가 협업의 과정으로 환자가 표현하는 서사를 수필작품으로 변환하여 창작하는 일련의 과정도 일종의 표현예술 치료로 간주할 수 있을 것이다. 구술을 통해 작품의 창작에 참여하고, 이후 본인이 주인공으로 등장하는 완성된 문학작품을 읽은 후, 2주가 경과된 시점에 창작물의 활용 동의와 수정요청 사항 확인을 위해 시행한 면담에서 표현예술 치료로서의 성과를 충분히 확인했다.

---

* Gerald Corey/ 천성문 등 역. 『심리상담과 치료의 이론과 실제』, 센게이지러닝코리아, 2017, 215-216면.

7 결론

　서론에서 언급한 본 연구의 목표는 "1) 환자와의 면담을 통해 본인이 감정이나 태도를 드러내도록(ventilation) 하여 정화(catharsis)를 유도하고, 2) 여기서 채증된 구술을 토대로 연구자가 의료서사(수필)를 창작하여 환자가 이를 문학작품으로 읽는 과정을 통해 스스로를 낯설게 보도록 함으로써 성찰을 끌어낼 수 있으며 이를 통해 심리적 치유효과를 기대하며, 3) 이렇게 완성된 문학작품은 신체적 고통과 사회적 소외와 고립을 표현하는 한센병문학의 한 장르로서 대중에게 그들의 질병체험과 고립과 소외의 정서를 전달하고 이를 통해 독자에게 문학적 성찰의 기회를 제공"하는 것이었고 연구의 결과물인 두 작품의 내용과 내담자(피연구자)와의 추가 면담을 통해 이를 효과적으로 달성했음을 확인했다.

　구술서사의 채증 과정에서 인간중심, 정서중심 치료의 관점에서 일치성(진솔성과 진실성), 무조건적 긍정적 존중(수용과 돌봄), 정확한 공감적

이해(다른 사람의 주관적 세계를 깊이 이해할 수 있는 능력)의 태도를 유지했으며 이를 통해 내담자와 공감에 바탕을 둔 신뢰관계를 형성했고, 이를 통해 많은 질병 체험담을 들을 수 있었다.

정서중심, 표현예술 치료의 과정으로써 채증된 본인의 구술서사로부터 문학이 된 작품을 독서하는 과정을 통해 스스로를 낯설게 보도록 함으로써 성찰을 이끌어 '창조적 관계맺기'를 통한 심리적 치유효과를 거두었다. 본인의 이야기로 쓰여진 각각의 완성 작품을 큰 글씨로 출력하여 드리고, 2주 후 읽어본 소감과 첨삭을 요하는 부분을 물었을 때, 두 명의 내담자 모두 눈물을 보였고 본 연구에 사의를 표했다. 한 분은 본인도 "문학작품을 쓰고자 하는 의욕을 얻었다"고 했고, 한 분은 "(본인의 삶을) 인정받은 기분이 들어 감사하다"고 말했다.

심리적인 치료 효과를 검증하기 위해 초기 연구 설계과정에서 자기보고식 설문을 고려했었다. 본 연구의 기초가 연구자와 피연구자의 의사-환자 신뢰관계를 바탕으로 한 면담(구술 채증)에 있는 점과 연구과정에서 신뢰관계가 더욱 강화된 상태에서 연구성과를 연구자가 피연구자에게 자기보고식으로 측정하는 방식은 긍정적인 결과를 충분히 예측할 수 있다는 점에서 객관성을 담보하기 어렵다는 우려가 있었고, 정량이나 정성의 척도로 이를 측정하기 어렵다고 판단되었다. 이러한 이유로 본 연구에서는 연구결과물의 검토와 동의 과정에서의 피연구자 반응을 그대로 기술하는 것에 그쳤다. 향후 연구의 성과를 객관적으로 측정하는 방법과 척도에 관한 추가적인 연구가 필요하리라 사료된다.

연구 결과물로 완성된 3장과 4장의 의료서사 문학작품은 단순히 환자(내담자)의 성찰과 치유에서 끝나는 것이 아니고, 한센병 문학이라는 장르로서 문학작품이 독자의 삶에 대한 성찰을 통해 자존감을 복원하고, 행복하고 건강한 미래의 삶을 능동적으로 기획할 수 있도록*하는 데 기여할 수 있음을 확인했다. 이를 통해 연구의 과정과 결과물인 작품 속에서 보여준 피연구자의 상처드러내기와 성찰, 치유의 과정이 독자에게로 옮겨가는 문학의 순작용을 기대한다.

---

* 김장원. 「인문학을 통한 성찰과 치유의 가능성」, 『문학치료연구』17권, 문학치료학회, 2010, 134-135면.

참고문헌

- 정근식. 『또 하나의 고향 우리들의 풍경』, 국립 소록도병원, 2011.
- 정근식. 『자유를 향한 여정, 세상에 내딛는 발걸음』, 국립 소록도병원, 2011.
- 김영희. 『소록도의 구술기억 Ⅰ』, 국립 소록도병원, 2019.
- 김영희, 황은주. 『소록도의 구술기억 Ⅱ』, 국립 소록도병원, 2019.
- 김영희. 『소록도의 구술기억 Ⅲ』, 국립 소록도병원, 2019.
- 김영희, 황은주, 서경민 등. 『소록도의 구술기억 Ⅳ』, 국립 소록도병원, 2020.
- 김영희, 황은주, 김시연 등. 『소록도의 구술기억 Ⅴ』, 국립 소록도병원, 2020.
- 박찬모, 정미경, 최윤경. 『'작은 서울' 소록도』, 국립 소록도병원, 2021.
- 조안영. 「장편소설 『인간은 그것에 관해 아무것도 알 수 없으리라』의 창작 실제」, [박사학위]:광주대학교, 2020.
- 조안영. 「의료서사로 본 소록도」, 『한국의료윤리학회지』27, 한국의료윤리학회, 2024.
- D. Jean Clandinin, F. Michael Connelly/소경희, 강현석, 조덕주 등 역, 『내러티브 탐구』, 교육과학사, 2007.
- Leonard Webster, Patricie Mertova/박순용 역, 『연구방법으로서의 내러티브 탐구』, 학지사, 2017.
- 홍영숙. 「내러티브 논문작성의 실제」, 『J Narrative and Educational Research』, 2020.
- 조태일, 김영석, 김종회 등. 『문학의 이해』, 한울아카데미, 1999.
- 오탁번, 이남호. 『서사문학의 이해』, 고려대학교 출판문화원, 1999.
- Gerald Corey/ 천성문 등 역. 『심리상담과 치료의 이론과 실제』, 센게이지러닝코리아, 2017.
- 한순미. 『격리-낙인-추방의 문화사』, 전남대학교 출판문화원, 2022.
- 김장원. 「인문학을 통한 성찰과 치유의 가능성」, 『문학치료연구』 17, 문학치료학회, 2010.

요약

　현재 소록도에 입원 중인 환자들을 대상으로 한 "소록도병원 구술 기록화 사업"에서 보였던 사업의 방향은 소록도 환자의 서사를 하나의 기록물, 또는 역사 자료로 다룬 측면이 있다. 단순히 기록자로서 녹취하듯이 구술을 받아적는 것보다 더 많은 일을 할 수 있고, 더 많은 가치를 창출할 수 있을 것이라는 발상에서 본 연구의 모티프를 얻었다. 기록의 관점에만 머물러 있기엔 소록도의 의료서사는 문학적으로 중요한 주제를 담을 수 있으며, 구술의 채증 과정은 면담 또는 상담을 통한 심리치료의 과정으로 발전할 수 있을 것이라는 확신이 들었고, 이런 방향으로 연구를 계획하였다.

　2023년 4월부터 8월까지 소록도병원 입원 환자인 두 명의 연구 대상자를 일주일 간격으로 1시간 동안 총 다섯 차례에 걸쳐 원내 사무실에서 면담을 진행했다. 면담은 탐색-기술-환기(exploration- description-ventilation)의 과정을 통해 구술을 채증하면서, 동시에 지지와 수용, 공감을 통한 신뢰 형성에 중점을 두고자 하였다.

　면담의 세부과정은 인간중심 치료이론에 기초하여 진행하고, 이를 통해 수집된 구술기록은 면담후 내용을 정리하고, 이를 토대로 일차적인 서사 원고를 작성했다. 이를 토대로 문학적으로 재구성하여 수필의 형식으로 결과물을 완성했다. 연구의 결과물은 2주간의 연구 대상자의 직접 검토와 확인 과정을 거쳐 최종 수정되었다.

　환자와의 면담을 통해 스스로 감정이나 태도를 드러내도록 하여 정화를 유도하고, 여기서 채증된 구술을 토대로 연구자가 수필을 창작하여, 환자가 이를 문학작품으로 읽는 과정을 통해 스스로를 낯설게 보도록 함으로써 성찰을 이끌어 낼 수 있으며 이를 통해 심리적 치유효과를 기대하고, 이렇게 완성된 문학작품은 신체적 고통과 사회적 소외와 고립을 표현하는 한센병문학의 한 장르로서 대중에게 그들의 질병체험과 고립과 소외의 정서를 전달하고 이를 통해 독자에게 문학적 성찰의 기회를 제공한다는 연구의 목표를 효과적으로 달성했음을 연구의 결과물인 두 작품의 내용과 내담자(피연구자)와의 추가 면담을 통해 확인했다.

3장

한센병 문학*

* 조안영. [소록도 한센병 문학 연구], 한국문예창작 62, 한국문예창작학회, 2024년 12월(KCI 등재)

1 들어가며

현재 국립 소록도병원은 질병의 치료와 연구를 목적으로 하는 국립 의료기관으로서 현재 한센병 후유증과 노인성 질환의 치료에 주력하고 있다. 의료적으로 국가의 지원이 부족하여 어려움을 겪었던 과거부터 헌신적인 노력이 있었지만, 환자의 심리적 안정과 지원의 측면에 관한 연구와 노력은 부족한 측면이 있다. 복지국가를 지향하는 현재의 의료는 다양한 사회적 문제에 대해 심리적 지원을 제공하는 공공 의료상의 정책과도 괴리가 있는 부분이다.

다행히 수년 전부터 소록도 한센병 박물관이 주축이 되어 소록도 구술사업 등을 통해 과거 소록도병원에서 환자의 삶과 이야기에 귀를 기울이는 노력이 시작되었다. 그럼에도 사업이 소록도의 역사와 사건의 나열에 초점을 맞춰 진행된 측면이 있고, 사업을 외부(서울 소재 대학교 국문학과 교수와 대학원생)인사에 용역 계약을 맡겨 진행함으로써 소재 위주로 흐른 측면이 있다.

그럼에도 3개월 남짓, 외부인에 의해 행해진 2~3회의 인터뷰를 목표로 시행된 구술사업은 나름대로 성과가 있었고, 참여자도 자신의 과거를 이야기하며 나름대로 치유 현상을 경험하였다고 『소록도의 구술 기억』[*]과 소록도 학술대회(2022)에서 밝힌 바 있다. 단순한 스토리 텔링만으로도 환기(Ventilation)의 심리적 치유를 경험하는 것을 더 보완하고 발전시켜 의료인문학적 관점에서 개인의 체험으로써 질병의 경험과 치료의 경험을 인터뷰를 통해 재경험하고 그 과정에서 느꼈던 심리적인 외상과 방어기제로써 개인의 심리적 대처 등에 대해 상담심리학적 기술을 이용하여 환자의 기억에 접근하고 이를 통해 성찰에 이르고자 하는 노력이 있었다.[**]

또 소록도 관련하여 사회학적인 측면에서 '소외와 격리'에만 치우친 학계의 방향성에 대비하여 의료적인 관점에서 소록도 관련 출판물을 분석한 연구[***]도 있었다. 이런 노력에도 여전히, 한센병의 역사와 소록도의 가치를 소비하는 대상들이 각자의 관점에서 편의적으로 받아들이고 있는 건 아닌지 확인하는 과정은 지속적으로 필요하다고 생각된다. 이 과정에서 가장 중요한 것은 한센병 질병 경험에서 생존한, 소록도 역사와 함께한 '사람'일 것이다. 그런 관점에서 이분들이 직접 쓴 문학작품을 분석하는 일은 그 핵심 가치를 탐구하는 과정으로써 소중한 작업이 될 것이다.

---

[*] 김영희, 『소록도의 구술 기억 I』, 국립 소록도병원, 2019, 8~15쪽.
[**] 조안영, 「의료 서사 창작을 통한 성찰과 치유 가능성; 소록도 구술 체증에서 문학으로」, 『문학치료연구』 72, 한국 문학 치료학회, 2024.
[***] 조안영, 「의료 서사로 본 소록도: 의료적 망탈리테 역사의 관점에서」, 『한국의료윤리학회지』 27, 한국의료윤리학회, 2024.

2  한센병 문학: 의료 서사 또는 한센병 체험 소설

　문학의 시선은 구술증언, 역사 기록, 언술, 문학 등 자전과 허구의 '서사'에 담긴 징후를 분석하여, 아직 충분하게 말할 수 없었던 한국 한센인들의 삶과 기억을 드러내기 위해 요청된다. 한국 한센병 역사를 읽는다는 것은 사회적 타자인 그들의 고통에 다가설 수 있다 하더라도, 그것이 진정 누구의 것이며 누구를 위한 것인가라는 물음에 대한 해답으로 문학의 시선을 도입해야 한다는 화두를 던진다.*

　한센병 관련 각종 역사서, 한센인들의 구술증언, 의료관계자들의 기록, 목사나 신부 등 종교계 관련 자료들에서 진술된 내용을 종합하는 것만으로 한국 한센병 역사를 제대로 말할 수 있느냐는 의문에 정답일 수는 없지만 한 가지 돌파구가 될 수 있을 것이라는 관점에서 앞선 연구를 통해 근대를 살아온 한센질환의 생존자로서 그들의 트라우마에

---

* 한순미, 『격리-낙인-추방의 문화사』, 전남대학교 출판문화원, 2022, 57~58쪽.

접근하고자 했다는 데 의미가 있다.

　의료인문학의 한 분야로 정착되고 있는 의료 서사를 통한 접근 방법은 환자와 상호작용(feedback)을 통해 환자가 말하기 두려워하는, 그렇지만 환자가 겪는 실체적 문제에 접근한다는 점에서 화자의 이야기를 단순히 옮기는 구술 서사보다 우월한 측면이 있다. 하지만 한편으론 '상호작용'이 일종의 개입으로 작동할 우려 또한 있다는 점을 고려해 볼 수 있다. 여건이 허락된다면, 구술이 아닌 직접 서술로 본인의 서사를 완성하는 상황, 즉 글쓰기를 통한 자기표현과 성찰이 더욱 근본적인 접근법이 될 수 있다. 수필이나 소설 같은 글쓰기를 통한 심리 치유의 효과를 별도로 하더라도, 외부의 간섭을 배제한 순수한 자기표현 방식으로써 문학작품의 창작은 과거 질병 경험에 대한 진실에 가장 근접한 진술일 것이라는 점에서 한센병 생존자의 문학작품을 분석하는 일은 충분히 가치 있는 일이다.

　한센인의 삶, 한센병의 질병 체험을 재현하는 주체는 한센인과 그 가족, 간호사와 의사 등 의료인, 신부와 수녀님, 목사와 선교 의료인 등 종교와 관련된 봉사자, 그리고 자원봉사자와 일반인 등으로 다양하다. 그러나 이들이 남긴 글들 사이에는 미묘한 시선의 엇갈림이 보인다. 한센인 또는 한센병을 재현하는 태도는 주체에 따라 이질적인 양상을 보인다. 이를 통찰하기 위해서는 다양한 텍스트를 교차하여 읽는 작업이 필요하다. 이를 위해 사회학, 역사학, 종교학뿐 아니라 의학이나 공공의료에 대한 전반적인 이해가 필요하다.

　한센인의 자기 체험 서사에는 환자로서 자기 인식과 정체성, 몸과 질병, 삶과 죽음에 관한 인식 및 세계관을 볼 수 있다. 한센인의 일기, 편지, 자서전, 수필 등에는 슬픔, 고통, 저주, 울분, 복수 등의 감정의 결들이 복잡하게 교차한다. 그곳에서 한센인들의 자기 정체성과 일반인들이 한센인들을 바라본 시선의 차이가 전해진다. 이런 방향성이 이어져, 한센병 문학은 그들이 피할 수 없었던 숙명인 '격리'를 그 모태로 한다.* 한센병 문학에 대한 협의의 정의를 '한센병 요양소에 수용된 사람들의 작품'이라고 가가 오토히코**는 주장한다. 그에 의하면 요양소 격리수용을 피해 민간에서 숨어지낸 한센병자의 작품, 비한센병자가 한센병 혹은 한센병자에 대해 쓴 작품은 한센병 문학에 해당하지 않는다. 본고는 이 정의를 인용하기로 하는데, 이는 소설 구성의 3요소인 인물, 사건, 배경에 모두 부합하는 것이기 때문이다. 한센병력자인 '인물'이, 소록도병원이라는 배경 '공간'에서, 근현대사의 여러 '사건'을 경험하는 생존기를 한센병 문학이라 부르기에 부족함이 없을 것이다. 한센병 소설은 자전소설인 탓에 '인물'에 초점을 둘 수밖에 없다. 이에 더해, 소설의 주인공이자 창작자이기도 한 작가가 (한센병) 소설을 창작하게 된 동인은 한센병 문학의 근원이기도 하다. 본고의 후반에 한센병 소설의 태동에 대해 정신분석학적으로 들여다보았다.

이런 배경에서 소록도에 거주하는 한센병 생존자, 즉 국립 소록도병원 입원환자 중 서사적인 수필이나 소설을 창작한 인물을 찾아 두 명의

---

* 한순미, 『격리-낙인-추방의 문화사』, 전남대학교 출판문화원, 2022, 57~58쪽.
** 가가 오토히코가 2002년 일본에서 발간한 『한센병 문학전집』에서 규정하였다(이지형, 「일본 한센병 문학의 의의와 현재성」, 『일본 연구』 25, 고려대학교 글로벌 일본연구원, 2016, 76~77쪽. 참조).

후보를 발굴하고 그들의 작품을 분석하는 방식으로 연구를 진행하였다. 연구 시작 당시 생존한 환자들의 작품을 우선으로, 소설로서 완성도가 높은 작품과 되도록 근래에 쓰인 작품을 기준으로 하였고, 그 결과 2006년에 발간된 강선봉의 『소록도, 천국으로의 여행』과 2016년에 발간된 강창석의 『엄니의 희생』을 선정하였다. 두 작가 모두 다수의 시집과 수필집을 낸 경력이 있고, 선정된 두 작품의 분석을 위해 다른 작품들도 본 연구에 참고하였다. 또 같은 시대 상황을 다른 관점에서 비교하고자 관계자의 수필도 본 연구에 활용하였다. 본 연구가 진행 중이던 2024년 2월 26일, 『엄니의 희생』의 작가 강창석님이 소천하였고, 고인과 2023년 인터뷰를 진행하여 이를 바탕으로 발표한 논문[*]의 일부를 본 연구에 인용하였다. 세부적인 분석은 작품 속의 사건들과 이에 대한 작가의 태도와 표현 방식을 살펴 질병 경험과 이를 통한 작가의 감정과 삶의 태도에 대한 영향을 살펴보고 관계 자료를 교차 확인하는 방식으로 진행하였다.

  한센병자의 실존적 삶을 당사자의 관점에서 직시한 한센병 소설의 보편적 문학성을 인정하느냐 아니면 특수한 체험의 기록으로서 그 문학적 가치를 제한적으로 평가하느냐에 따라 찬반이 갈리는 흐름이 있다.[**] 결국, 이 판단은 독자에 달려 있으며 그 판단을 돕기위해 두 작가의 작품을 소개한다.

---

[*] 조안영, 「의료 서사 창작을 통한 성찰과 치유 가능성: 소록도 구술 체증에서 문학으로」, 『문학치료연구』 72, 한국 문학 치료학회, 2024.

[**] 이지형, 「일본 한센병 문학의 의의와 현재성」, 『일본연구』 25, 고려대학교 글로벌 일본연구원, 2016, 83쪽.

3 강선봉의 '천국'

강선봉

2006년에 발간된 강선봉의 『소록도, 천국으로의 여행』은 제목부터 냉소적이다. 이 책의 제목으로부터 당연히 이청준 작가의 『당신들의 천국』이란 인기 소설을 떠올릴 수 있지만 강선봉은 '천국'이라는 단어에 괄호로 천할 천(賤)을 넣어두었다. 이청준이 말한 하늘나라가 아니라 강선봉이 겪은 것은 천국(賤國)이었다. 2장의 "賤國 사람들이 바라는 天國"에서 이런 삶을 적나라하게 표현한다.

『당신들의 천국』에서 '국가' 또는 '지도자'로 대비되는 조백현 원장은 무기력한 환자들에게 본인들이 살 천국을 만들어주겠노라고 공언하며, 그들의 노동력을 이용한다. 스스로 본인들의 천국을 만들자는 설득으로 시작한 오마도 간척공사는 시대적 흐름이라는 말로 순화하더라도 본질적으로는 정치인들의 농간이며 힘없는 환자의 희생과 상처로 만들어진 간척지는 힘 있고 건강한 국민에게 넘어간다. 온전히 환자의 처지에서 본다면, 힘없는 본인들을 등쳐먹는 국가에 본인들의 병든 몸을 의탁하는 상황이다. 그들이 진정으로 바라는 천국 따위엔 관심이 없는 병원, 즉 보건당국은 관료가 바라는 환자들의 천국을 꿈꿀 뿐이며 그

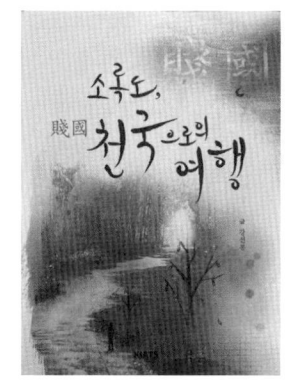

소록도, 천국으로의 여행

런 일에 환자들이 이용당하는 상황이 반복됐다. 그래서 비루하게 시키는 대로 하며, 주는 대로 받는 賤國의 시민으로 살아가는 것이다. 강선봉은 이 이야기를 그의 작품에서 생생한 경험을 덧붙여 핍진하게 끌고 나간다.

그는 결혼을 앞두고 그의 인생에 대해 "'아버지께서 병들어 이 섬에서 중노동에 시달리다가 목숨을 걸고 탈출하여 어머니를 만났다. 나는 그렇게 태어난 목숨이다. 내가 태어나 다섯 살 때 험한 세상 떠돌다가 아버지께서 돌아가셨다. 여덟 살 때 부산 오륙도 앞 화물선 밑바닥에 깔려 사람도 짐도 아닌 취급을 받으면서 뱃멀미에 똥물까지 쏟았다. 바닷물로 지은 주먹밥을 씹으며 내 아버지가 버리고 도망간 이곳에 어머니와 함께 다시 부려졌다. 미감 아동이라고 보육원에 강제로 보내져서 눈물로 어머니와 헤어져 온갖 고생과 서러움을 당했다. 운명처럼 찾아

온 자통*으로 내 삶이 최대의 위기를 맞았을 때 어머니는 정말 눈물로 나를 보살폈다. 그 어머니가 없었다면 나는 벌써 죽고 없어졌을 것이다. 어려서 세상이야 문전걸식한 일 밖에 기억에 남는 것이 없지만, 이 섬에 갇혀서 억압과 멸시 속에 자랐더라도 그저 이곳이 내가 어머니와 살 곳이라고 생각했다. 그렇게 원하던 의학강습소에 입학했으니 수료하면 어느 과나 치료소 주임은 될 것이니까 살아가는데 지금까지와 같은 큰 어려움은 없을 것이다.'"**라고 회생한다. 결혼을 하려면 정관수술을 해야 한다는 법과 다름없는 병원의 규칙에 따라 그는 어머니와 결혼 후에도 소록도에 남기 위해 정관수술을 받기로 한다.

> '남자가 결혼했으면 당연히 아들, 딸 낳고 그것이 순리일진대. 나는 왜 여기에 누워 있어야 하는가?' 마음속에서 피눈물이 흘러내리며 정신을 적셔갔다. 그리고 꼭 이렇게 해야만 하는지 회한도 들었다. 그런 생각으로 눈물을 곱씹고 있을 때 병원 직원이기는 하지만 의사도 아닌 박 선생이 나타나서 국소마취를 시켰다. 정신이 몽롱한 상태에서 갑자기 허리가 당기는 아픔에 '악!' 하는 소리를 내는 순간 그의 수술이 끝났다.
>
> ―『소록도, 천국으로의 여행』

---

* 한센병 환자들이 자주 쓰는 용어로, '칼로 찌르는 통증'을 의미하며, 한센병의 두드러진 증상으로 수시로 찾아오는 통증에 대한 공포는 일상의 저변에 깔려있다.
** 강선봉『소록도, 천국으로의 여행』, KIATS, 2006, 216쪽.

여기에는 의학 강습생으로 향후 의사의 역할을 했던 그가 역시나 의사가 아닌 직원에 의해 정관수술을 받는 장면이 들어있다. 유전이 아닌 질병의 전파를 막기 위해 피임 수술을 하는 것만큼이나 아이러니인 장면이다. 그런 모순들로 가득한 병원이라는 하나의 '세상'에 그는 가정을 이루고 어머니와 함께 천국을 꿈꾸었다.

그가 겪고 목격한 소록도의 과거를 생각한다면 그에게 그 정도는 감수할 수 있는 '천국'인 셈이다. 과거 김상태 원장의 재임시절 있었던 소요 사태의 경험은 그가 소년 시절 겪은 일이다. 그해도 난방을 위해 중노동인 '금산벌목'이 진행되었고, 정부에서 지원되는 연료비를 원장을 비롯한 병원 당국이 가로채는 부정부패에 대한 시위가 있었다. 녹동과 고흥에서 무장한 경찰들이 총을 쏘며 진압했고, 교회 장로를 비롯한 사태의 주모자들은 폭행을 당해야 했다.

> 그분 말에 의하면 자신도 경계선에 잡혀갔는데 술에 얼큰하게 취한 사람들이 몽둥이로 사정없이 패는데 처음에는 입이 딱딱 벌어져 비명을 지르면서 아픔을 느꼈으나 조금 지나고 정신이 몽롱해지니까 '퍽퍽'하는 소리만 들리지 아픔도 느낄 수 없었다고 했다. 그렇게 구타를 당하고 들것에 실려 집에 왔는데 움직일 수도 없는 자신을 치료도 해주지 않은 채 외부 사람과 접촉도 못 하게 감시를 했다고 한다. 약도 없어서 할 수 없이 며칠을 그렇게 끙끙 앓으며 누워 있다가 몽둥이에 맞은 사람한테는 똥물이 최고라는 말을 들은 기억이 나서 변소에서 똥물 한 그릇을 퍼다 마시고 이불을 여러 겹 덮은 뒤 다시 드러누웠다고 했다. 얼마를 잤는지 깨어 보니 온몸이 땀으로 목욕한 것처럼 젖어있었고 몸이 조금씩 움직여서 똥

> 물을 다시 먹었다고 했다. 이렇게 해서 회복이 되었는데 똥물을 먹을 줄
> 을 몰라서 먹지 않고 있던 사람들은 구타당한 후유증으로 골병이 들어
> 회복되지 않고 죽은 사람도 많았다는 것이다.
>
> −「소록도, 천국으로의 여행」

그가 겪은 해방 후 국립 의료기관의 모습은 폭력과 야만의 현장이었다. 그 폭력으로 얻은 외상은 '똥물'을 먹어 나았고, 먹지 않은 사람은 회복되지 못하고 죽었다고 그는 서술한다. 은유였으면 좋을 이 문장들은 사실적 묘사이다. 국가기관, 그것도 의료기관의 폭력과 이로인해 얻은 질병을 '똥물'을 먹고 치유하는, 그렇지 못하면 죽는 현실은 이 시기 행해진 '공공의료'의 본질이었다. 국가(병원)의 폭력과 시민(환자)의 무지와 시대(의료 현장)의 비참함이 '天國'이란 구호 아래 그가 살아온 賤國이었다.

이후, 의학 강습생으로서 그가 겪거나 목격한 일 또한 천국의 모습은 아니었다.

> 외과 연구실에서 연구하고 있던 연구원들이 신입 환자를 상대로 실험
> 해 버린 것이다. (중략) 그들은 의사가 아니라 연구실에서 연구만 하는 사
> 람들이었다. 그들은 자신들의 연구 결과를 실험하기 위해 동물실험을 하
> 고 그다음에 면역반응을 검사한 뒤 사람에게 주사해야 했었다. 그런데
> 동물실험도 하지 않고 자신들의 연구 성과를 확인하기 위해 신입, 그러
> 니까 이제 금방 새로 입원한 길동이를 부른 것이다. 그들의 실험 도구로

> 선택된 젊은 길동이는 실험용 주사를 맞고 그 자리에서 얼굴이 검어지면서 거품을 물고 쓰러져 죽어 버렸다.
>
> -『소록도, 천국으로의 여행』

> 어느 날 밤이었다. 내가 외과 주임과 같이 놀고 있는데 급히 외과로 나오라는 연락이 와서 같이 외과에 도착했다. 거기에는 낮에 단종 수술을 받은 사람이 고환에 출혈이 심해 통증을 견디지 못하고 땀을 뻘뻘 흘리면서 기다리고 있었다. 정관을 잘라내는 수술을 하면서 동맥이 잘린 것을 그냥 두고 피부만 봉합해 버린 것이다. 환자는 내부에서 계속 출혈이 되어 허풍을 붙이면 고환이 소 불알만큼 커져 있었다. 급히 봉합한 부위를 열고 응고된 핏덩이를 끄집어내었다. 그리고 일단 내부를 정리한 뒤 출혈 부위를 찾았으나 보이질 않았다. 일단 지혈은 된 상태에서 재봉합을 하고 환자가 평온을 찾자 돌려보냈다. 그는 이제 성불구자가 될 수밖에 없을 것이다. 내가 어릴 때 살던 앙리 옆방 아저씨도 꼭 조금 전 환자와 같은 일을 당했는데 성불구가 되었다. 그러나 우리는 이런 일을 당해도 그저 당연한 것으로 생각하고 체념하고 계속 살아가야 했다.
>
> -『소록도, 천국으로의 여행』

실험 대상으로, 또는 무자격 의료의 희생양으로 환자의 처지를 서술했지만, 이어지는 대목에서는 그 자신이 그와 같은 의료를 행하는 처지를 다음과 같이 서술한다.

> 중앙리에 사는 남자 환자가 하지 절단 수술을 받게 되었다. 외과 주임이 나에게 그 수술을 맡아서 해보도록 해 주셨다. 나는 외과 실습 때 조수로 몇 사람 절단 수술을 같이 해본 경험이 있어서 그날 밤 외과 서적을 집에 가져가서 연구했다. 출혈을 막기 위해서 절단 후 혈관을 몇 개 정도 묶어서 지혈대 착용을 최소화시키려는 의도였다. 내가 어렸을 때 절단 수술을 받은 환자가 4~5시간 지혈대 착용으로 고통스러워하는 것을 보았기에 나는 그렇게 하지 않겠다고 마음속으로 다짐했기 때문이다. 다음 날 나는 최초로 집도의가 되어 수술칼을 잡았다. 마취를 시작하며 수술대 위의 환자를 옆으로 눕게 한 뒤(중략) 그리고 마취약을 희석해 주입한 후 환자를 바로 눕히고 상체 높이를 조절하여 마취될 부위를 정했다. 그 후 고관절 부위까지 올려 고정한 다음 절단 부위를 깨끗이 소독하고 무릎에서 한 뼘 정도 밑으로 반원을 위아래로 그려놓고 메스로 선을 따라 절개하고 벗겨냈다. 그리고 다시 근육을 절단하고 큰 거즈로 상하로 분리한 다음 경골 비골에 골막을 벗겨내고 쇠톱으로 절단시켰다.
>
> -『소록도, 천국으로의 여행』

그는 수술을 잘 마쳤다고 서술하고 있으나, 수술의 성패를 뺀다면, 그는 피해자이면서 가해자의 위치에 있게 된다. 이런 상황은 그가 아니라, 당시의 소록도라는 공간의 의료시스템이 그를 그렇게 만든 것이며 그는 이런 당시의 현실을 사실대로 자기변명과 함께 고발하고 있다. 이런 의료시스템은 환자가 환자를 수술하고 치료하는 문제를 넘어 의료진이라 불리는 의사가 아닌 병원 직원의 행태까지 이어진다.

> 퇴근해서 집에 오니 아내가 맺은 장모님이 아프다는 연락을 받고 급히 달려갔다. 그런데 하혈을 심하게 해서 내가 감당하기 어려울 정도였다. 장모님께 조용히 물어보니 어제 퇴근 후 박 선생에 얼마를 주고 허리 아픈 것이 부인병으로 그렇다고 해서 소파수술을 받았다고 했다. 하혈이 계속되었는데도 그저 조금 있으면 피가 멈추겠지 하고 지금까지 견디고 있었다는 것이다. (중략) 그렇게 만난 박 선생에게 환자의 지금 상태를 자세히 설명했으나 자기도 지금은 어떻게 할 수가 없다고 했다. 그리고 수혈은 생각할 수도 없으며 수술도 못한다는 표정이 어쩔 수 없을 것 같다는 것이다. 그러면 일단 안정이라도 시킬 처방으로 세파민을 50밀리그람 주사하고 지혈이 되지 않으면 어쩔 수 없다면서 올라가 버렸다.
>
> ─『소록도, 천국으로의 여행』

『소록도, 천국으로의 여행』을 통해 작가는 자신의 치부뿐 아니라, 당시 소록도의 치부를 솔직히 서술하고 있다. '징계검속권'이라 불리는 무소불위의 권력을 갖는 병원 당국의 눈치를 보며 살아온 소록도 환자로서 큰 용기가 있었음을 알 수 있다. 덕분에 소록도 의료, 현재는 '공공의료'라 불리는 관치 의료의 태동을 이해하는 계기가 되었다.

작가가 책의 제목에서 인용한 "천국"은 이청준의 『당신들의 천국』에서 빌려온 것이다. 책의 초반부에는 천한 나라의 생활상이 핍진하게 묘사되어 있다고 한다면, 후반부에는 오마도 간척공사에 관한 이야기들이 주를 이룬다. 오마도는 조창원 원장이 꿈꾸는 '한센인 환자들의 천국'이었다. 군사정권이 들어서며, 군의관인 육군 대령의 신분으로 권총을 차고 소록도에 부임한 조창원 원장의 모습은 관점에 따라 달리 해석된다. 일제 식민지 시절 병원 건설을 위해 환자들에게 중노동의 강요한 '스오 원장'과 같은 착취적인 통치자로 보는 관점이 하나라면, 한센인의 사회복귀를 위한 방편으로 오마도 간척지 건설에 나섰다가 고흥군민과 정치인의 모략으로 쫓겨난 선구적 인물로 보는 것이 다른 하나이다.

목적은 선했을지언정, 오마도 간척공사는 환자(원생)들의 희생만 남기고 중단되었으며, 결국 고흥군민에게 불하되었으며, 조창원 원장은 마산 국립병원장으로 자리를 옮기는 것으로 끝이 난다.

> 그해 2월 24일 공사는 완전히 중단되었다. 원장과 개척단은 공사가 완전히 중단된 2월 24일 현재 공사 진척도를 83%로 평가했다. (중략) 현역 대령의 몸으로 군복을 입고 허리에 권총을 차고 섬에 부임한 원장은 약 3년 동안 섬의 원생들에게 때로는 희망을 주기도 했고 때로는 절망을 주기도 하며 섬에 바람을 일으켰다. 그는 원생들에게 자립과 정착이라는 명분으로 투병 중인 환자들을 동원하여 대역사를 이루려 하였다. 그러나 그의 시도는 결국 원생들에게 엄청난 희생만을 남긴 처절한 실패로 낙착되었다. 이것은 혁명정부에서 민정으로 이양되면서 선거라는 표의 숫자와 권력의 힘 앞에 당한 것이라고 하더라도, 원장의 말을 믿고 간척지에 동원되었던 원생들은 머리가 깨지고 사지육신이 찢어지고 흙더미에 깔려 죽었다.
>
> -「소록도, 천국으로의 여행」

작가는 그 시기 소록도에서 탈출해 한센인 정착촌을 비롯한 여러 곳을 떠돌며 치과 기공 기술과 의료 기술을 이용해 돈을 벌었고, 나중엔 방사선사 국가 자격을 취득해 의료에 종사하게 된다. 책의 마지막은 자신이 탈출한 소록도에 어머니를 면회하러 찾아가는 장면이다. 외출 후 복귀하지 않아, 결국 탈출자의 신분이 된 작가는 감금실에 갇힐지 모른다는 두려움을 견디며 자신을 사회 밖으로 보낸 어머니를 면회하고 어머니를 다시 떠나오는 것으로 마무리된다.

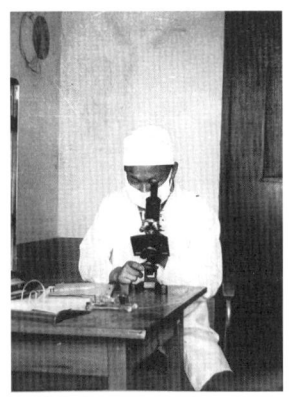

의학 강습생 시절

작가는 1939년에 태어나 1946년, 여덟 살의 나이로 소록도에 들어왔다가, 조창원 원장의 부임으로 소록도가 또 다른 변화에 휩싸였을 때 소록도를 떠났다. 일제강점기의 수탈과 노동력 착취 심한 차별과 참담한 대우가 해방된 조국에서도 그대로 이어진 상황을 개탄하며, "인권을 존중하지는 않더라도 의사라면 최소한 히포크라테스의 선서 정도라도 한 번쯤 생각하는 의사들이 있었다면 이들의 참담한 생활이 그토록 오랫동안 이어지지는 않았을 것이다."라는 말로 이 책을 마무리한다. 그의 작품은 요즘 자주 언급되는 우리나라 '공공의료'의 태동과 그 과정을 적나라한 체험담을 바탕으로 한 핍진한 묘사를 통해 보여주고 있다는 점에서 현대사적으로도 충분한 가치가 있다.

『소록도, 천국으로의 여행』을 문학의 장르로 분류하자면, 일인칭 주인공 시점으로 쓰인 자전적 실화 소설이라 할 수 있을 것이다. 수필이라고 하기엔, 삼인칭 전지적 시점으로 가공된 에피소드들이 서사의 진행 중간중간 자주 등장하기 때문이다. 이런 에피소드들은 당시의 상황을 설명하기 위해 필연적인 요소이며, 서사를 입체적으로 만드는 역할을 하고 있다.

강창석의 '엄니'

강창석

연대기적 구성을 지닌 강선봉의 작품을 자전적 실화 소설이라고 분류하는 것과 달리, 강창석의 『엄니의 희생』은 문학적인 관점으로 어느 장르로 분류할지 혼란스럽다. 먼저 강창석은 그의 글을 '수필'이라 정의한다. 고흥주라는 실존 인물의 생활사를 서술하며 서사를 이어가는 방식인데 작중 화자와 내재 화자가 상당히 혼란스럽다. 대체로 삼인칭 관찰자 시점으로 쓰인 연대기적 전기소설이라고 볼 수 있겠으나, 간혹 고흥주라는 인물이 화자가 되기도 하고, 전지적인 인물이 화자가 되었다가, 작가 본인의 목소리로 사건이나 상황을 진술하기도 한다. 그럴 수밖에 없으리라 이해되는 측면도 있다. 강창석 작가는 그의 전작인 단편 수필집*과 달리 장편 서사를 기획하였다. 수필에서와 같이 자기 서술에서 오는 감정적이며 주관적인 요소를 배제하기 위해 고흥주라는 주변 인물을 등장시키고 그의 삶을 반추하려는 의도로 작품을 구성한 것으로 보인다. 그럼에도 그의 의도는 실패하는데, 그 이유는 고흥주라는 인물은 작가의 분신임을 감추지 못했기 때문이다. 고흥주라는 인물을 빌어 자신의 이야기를 하는 방식의 서사 진행은 작품의 곳곳에서 드러난다. 이런 의도의 실패는 서사의 시점에 혼란을 주고, 객관성을 드러내려는 의도는 통계나 취재를 통한 실제 근거를 등장시켰지만, 오히려 이는 그가 추구하는 문의 방식과 동떨어진 측면이 있다. 작품의 문체에 관해서도 매우 독특한 부분이 있는데, 마치 '라디오 대하소설'처럼 해설자가 등장하여 사건에 대해 평가하고 추임새를 주면, 성우의 목소리가 당시의 상황을 연기하는 것처럼 느껴진다. 강창석 작가는 본인의 경험을 고흥주라는 인물에게 투영하여, 당시의 상황을 사실대로 그렸다고 하여 수필이라 오인하였던 것 같다. 실상황에서 겪었던 일을 지시하고 모의했던 사람이 특정인이라 믿고 그들의 모의를 대화체로 묘사하는 방식은 라디오 소설에서 볼 수

엄니의 희생

---

* 강창석, 『내가 사는 소록도』, 서라벌문예, 2009.

있는 특징이며 앞서 강선봉의 소설에서도 일부 확인할 수 있다. 이런 기술적 오류를 제외한다면, 작가는 『엄니의 희생』을 통해, 그리고 고흥주라는 대리인을 통해 본인의 삶을 훌륭히 표현하고 있다. 이런 이유로, 이 작품은 1935년 유복자로 태어난 고흥주라는 인물의 전기소설이라 분류하는 것이 타당하다.

본고에서 살펴볼 2016년에 출간된 『엄니의 희생』보다 앞서, 강창석은 2009년에 첫 수필집으로 『내가 사는 소록도』를 출간하였다. 60개의 짧은 수필의 모음집으로 소록도 생활의 에피소드와 이에 대한 그의 속내를 엿볼 수 있는 작품이다. 작가는 긴 호흡으로 한 인물의 전기를 넘어 소록도의 시대적 변화를 서사적으로 그리려는 노력의 결과로 『엄니의 희생』이 탄생시켰다. 머리말에 "이러한 사실을 소설로 만들어야 부드럽고 재미있게 전달이 될 수 있는데 그러지 못해 장편 수필로 만들게 되어 묵직한 느낌이 든다."라고 말한다. 작가인 강창석은 비교적 늦게 한센병이 발병하였고, 29세라는 비교적 늦은 나이에 소록도에 입도하였다. 그가 겪은 80년대 초반부터의 이야기는, 사실 굴곡진 변동기가 어느 정도 지난 후였기에 작가로서 그는 일제 식민지 시절의 이야기와 해방 이후 이야기까지 그려내려면, 1960년대의 오마도 간척공사의 애환을 그려내려면 그 시대를 살았던 고흥주라는 인물이 필요했을 것이다. 이를 위해 그는 여러 가지 설정이 필요했고, 시점과 화자가 필요했다. 앞서 강선봉의 자전소설처럼 자신의 이야기를 풀어쓰는 것에 비해 이런 작업은 난이도가 있는데, 소설의 구성과 플롯에 관한 세부적인 요소들을 고려해야 하기 때문이다. 그로서는 이런 작업이 무리였을 것이다. 그럼에도 고홍주라는 인물을 장시간 인터뷰하고 그 주변을 취재하는 것만으로 입체적인 작품을 만들어 낸 그의 노력은 충분히 가치 있다.

제목에도 불구하고, 작품 속 고홍주의 어머니는 소록도에 입원하기 전에만 주로 등장한다. 아픈 아들을 살뜰히 챙기는 어머니와 그 주변, 즉 건강한 자식과 일찍 죽거나 도망가 버린 남편에 관한 이야기들이 펼쳐진다. 거주하던 마을 주변에서 일어난 오해들, 예를 들어 아이들을 잡아먹었다는 음해로 고초를 겪은 일, 아픈 고홍주를 어머니만이 끝까지 지킨 일, 사고만 치는 이복자식의 등장과 같은 에피소드가 펼쳐진다. 고홍주의 이야기처럼 보이는 이 에피소드는 사실 작가인 강창석이 실제 겪은 에피소드와 연결되는 지점이 많다. 시대 상황만이 일제강점기로 다를 뿐이다. 작가는 고홍주 생전에 제목을 여러 개 보여주며, 그 중 위의 제목을 권유했다고 책의 앞머리에 적고 있다. 그의 의도는 그를 인터뷰한 다음의 논문에서 그 실마리를 찾을 수 있다.

그의 가족사에 관해 이야기할 때 그는 덤덤했다. 소록도에서 지낸 1년 후, 어머니를 만나러 고향을 찾아갔을 때 그의 어머니가 그에게 했던 "오지 마라, 네 조카가 걱정이다."라는 말이 그에게 각인되어 있었다. 배다른 누나가 있었고, 그 누나의 자식들에게 나쁘게 보일까 염려하여 오지 말라는 어머니의 말을, 그는 덤덤히 "그냥 받아들였다"라고 말한다. 그리고 그 자리에서 그는 "앞으로 다시는 가지 않겠다"라고 약속했고, 그 약속을 지금도 지키고 있다고 굳은 얼굴로 말한다. 주변 환자들의 끊어진 인연을 찾아주기까지 한 그가, 어머니와 누나, 조카의 생가 여부를 지금도 모른다고 말하는 모습에서 그의 말과 굳은 얼굴 속에 숨어 있는 속마음을 짐작할 수 있었다. '모르는 게 아니라, 알지 않으려' 자신을 다잡는 그의 모습이 사뭇 애처로워 보였다. 자신을 거부했던 어머니의 이야기가 쉽게 나온 것도 아니다.

"현재는 가족이 없으니, 심심하지만 외롭지는 않다"라는 그의 화두로 시작된 말은 "그렇다고 그런 일들로 화가 나지는 않는다"라고 자신의 가족사를 스스로 정리했다. 덤덤한 그의 말이, 필자에게는 모두 반어법으로 들렸다.

- 「의료 서사 창작을 통한 성찰과 치유의 가능성:
소록도 구술 구술 증언에서 문학으로」, 「문학 치료연구, Vol. 72」

작가의 어머니는 작중 고홍주의 어머니와 유사한 모습이었으나, 재혼을 거듭하며 그를 멀리했다고 진술했다. 그래도 그런 어머니가 그리워 찾아갔을 때, 들었던 말은 그의 인생을 관통하며 그에게 영향을 끼쳤다. "오지 마라, 네 조카가 걱정이다." 이복누이의 자식들이 병에 옮을까, 창피한 자식을 내려다보는 어머니를 강창석은 죽을 때까지 용서하지 못했다.* 『엄니의 희생』 초반의 상당 분량이 어머니의 희생적인

---

* 강창석님은 2024년 2월 26일, 갑작스레 세상을 달리하였다. 하루 뒤에 치러진 장례식장에서 필자는 그의 어머니를 볼 수 있었다. 장례식이 중반을 넘기고 있을 때, 조카의 부축을 받고 들어오는 노모의 표정은 의외로 무덤덤하였다. 옆에 중년이 된 조카만이 고개를 숙이며 훌쩍거렸다. 고령에도 불구하고, 하루 뒤 이른 아침 소록도까지 걸음 하여 아들의 장례식에 참석한 노모의 마음을 무덤덤한 표정만으로 단정할 수는 없었다.

사랑을 묘사한 에피소드였던 이유와 소록도의 연대기를 그리고자 하는 창작 의도의 교차점이 고홍주이다. 그런 이유로 작가는 소록도의 연대기를 핑계로 고홍주란 인물을 불러와 그의 어머니와 화해하려 했을 던 것으로 보인다.

강창석의 시선은 초창기 '공공의료'의 허망한 실태와 이를 의료 선교에 의탁하는 과정으로 흐르며, 무력한 의료인과 병원 당국의 모습을 드러내고 있다. 사실에 바탕을 둔 이런 진술들은 소록도 저변에 깔린 '공공의료'에 대한 그들의 인식이기도 하다. 그의 작품에서도 여전히 등장하는 조창원 원장이 있으며, 그를 통해 이 이야기를 전개해 간다.

> 원장은 병원 내 둘러보고 병원이란 형평성을 잃고 의료진이 없다는 사실에 놀라지 않을 수가 없어 하고 있었다. 설사 의료진 한두 사람이 상주해 있다손 치더라도 직원 지대 사무 본관에서만 머물고 있었다. 병사지대로 내려올 생각은 전혀 없다는 걸 간주하고 있는 것만 같았다. 그뿐만 아니었다. 원장은 의료진이 돌보아야 할 기관에서 주민들을 나병환자(나인)이란 굴레를 차별과 편견, 인간으로서 배척시키는 것처럼 보였다. 융융히 흔적이 없고 할퀴고 찢긴 영혼만이 사는 곳에 장막이라 느껴지는 기분이 들고 있었다. 원장으로서 도저히 참을 수 없는 분노처럼 느꼈는지 표정이 어두워지고 있었다. 척박한 불모지라지만 의료 환경을 지켜보면서 대책이 안 서는 느낌인 듯한가 보다. 사무 본관에 올라가 부하직원에게 의료진이 왜 상주하질 않는가를 물어보고 있다. 의료 부장의 답변은 본부에서 소록도에 근무할 희망자가 없다는 답변만 들었다. 라고,

말하는 소리였다. 열악한 환경을 두고 이곳에 올 의료진 희망자가 없다니 이게 무슨 소리야! 라며 화가 난 듯한 말투였다. 한두 의료진마저도 직원 지대에서 수수방관만 하고 있으니! 매우 심경이 불편한 것처럼 보이고 있었다. 그렇다고 병사에 내려가서 주민들을 돌볼 생각마저 하질 않고 있다는 게 더욱더 심기가 불편한가 보다. 앉은 자리에서 책상만 차지하고 있는 부하직원에게 못마땅한 눈총만 주고 있었다. 원장실로 들어간 원장은 복지부에다 전화로 의료진을 보내 줄 것을 요청하고 있었다. 의료 부장이 말한 대로 똑같은 대답을 듣는다. 의료보장은 주민에게 별 관심이 없는 듯 보였었다. 원장이랍시고 꼬집어서 말을 함부로 할 수도 없는 노릇이었다. 그렇다고 지금까지 해오던 방식대로 업무를 본다는 것은 온당치 못한 처사라 여기는 것만 같다. 그냥 이대로 두고 볼 수만은 없는 상황이고 보니 무언가 노력을 안 할 수 없는 노릇이다. 원장 처지에서 부딪힌 난관을 어떻게 대처해야 할지 고심을 하고 있는 것만 같았다. 하지만 대책이 서질 않아 보인다. 더구나 병원 내 정확한 정보를 보고해 주어야 할 부하들마저 매사 바른말을 전하는 게 어렵고 힘 드는가 보다. 오히려 애매모호한 병사지대 주민들 탓으로만 돌리는 경향이 속속 드러나고 있었기 때문이다. 그 이유는 임시직(일용직)이란 레벨 때문이었다. 당시 임시직은 어느 때고 일을 그만두라고 하면 그만두어야만 하는 처지였다. 일자리를 잃을 위기감 때문에 그들은 알아도 모르는 척, 생각이 있어도 없는 척, 봐도 못 본 척, 해야만 살아남을 수 있기에 함부로 말할 수 없는 노릇이었다. 그러다 보니 정확한 정보가 원장에게 유입될 리 만무한 상황이었다. 올바른 정보가 없다고 하여 손 놓고 볼 수만은 없는 처지였다. 원장으로서 나 몰라라 방관만 할 수 없어 최종적으로 생각해낸 게 천주교 서울교구청 교구장님에게 찾아가 의료선교봉사단을 보내줄 것을 요청하게 되었다. 마침내 1961년 한국 의료선교봉사단으로 활동하고 있던

> '마리안느 스퇴거 수녀님'을 교구장님의 소개로 만나게 되었다. 소록도
> 의 실상을 알려주었다. 그리고 1962년 소록도로 오신 마리안느 수녀님!
> 보육소를 운영하며 어린 아동들을 돌보게 하였다. 그 이듬해 1963년 '마
> 가렛 수녀님'이 한국에 오게 되어 마리안느 수녀님과 합류하여 파트너로
> 봉사하게 되었었다.
>
> —「엄니의 희생」

다소 길게 인용한 이 부분은 조창원 원장이 소록도에 들어와 마주하게 된 의료 환경과 마리안느, 마가렛 간호사가 소록도에서 일하게 된 과정을 미상의 전지적 화자가 묘사하며 설명하고 있다. 당시 정부가 관할하는 의료기관의 실태와 내부 역학관계를 날카롭게 통찰하고 이를 작가만의 방식으로 서술하고 있다. 임시직 의료인이 임상 현장에서의 문제점을 제대로 보고하지 않는 이유조차 언제든 바뀔 수 있는 정부 관료가 원장으로 발령받고 부임하기 때문이라는 점은 '임기제 공무원, 순환근무' 등의 이름으로 현재에도 이어지는 공공의료의 구조적 문제점을 보여준다. 이는 강선봉의 작품과는 차이가 있는 부분으로, 시점에 따라 달리 묘사되는 조창원 원장의 고민과 행적을 드러내는 부분이다. 강선봉의 작품에선 '오마도 간척공사'를 둘러싼 선한 의도와 나쁜 결과에 중점을 두었다면, 강창석의 작품에선 동시대에 있었던 다른 사건과 배경에 대해서도 잘 보여준다. 특히 1960년대 초반에 있었던 기독교 공동체와의 마찰에 대해 깊게 파고들고 있다. 의료 선교의 지원을 받는 천주교회와 환자 공동체로서의 기독교회를 대하는 조창원 원장

의 편파적인 태도를 강창석은 비판한다.

> 그토록 믿을 수 없는 부하이지만 어쩔 수 없이 그들의 말만 듣고 교회까지 개혁하려 한다는 말이 나돌고 있었다. 외로운 사람들끼리 신성한 신을 숭배하는 곳까지 개혁을 감행한다는 건 무언중에 한참이나 잘못되어 가고 있는 것만 같았다. 사실을 직감적으로 느낀 장로님들의 놀라시는 표정! 가여운 이들만 모여 사는 곳에서 성심을 다해 모시는 신의 성전을 개혁할 것이라는 소문은 설마 무근지설이겠지. 라고 생각하려는 성도들…. 강압의 환경에서 차별과 편견을 받아왔었다. 어질러진 마음에 평온함을 가질 수 있었던 것은 신앙의 믿음을 갖게 해준 결과이기도 했다. 의지하고 위로받기 위한 곳에 종교 개혁이라니? 빌미가 되었던 것이 사라지니 이젠 종교에까지 간섭하려나? 라는 성도들은 눈시울이 붉어지고 있었다. 마땅히 예배드려야 할 장소가 사라질 위기에 처하게 생겼다. (중략)이건 탄압보다 신성모독이었다. 변화의 과정으로 이토록 부작용이 클 줄은 몰랐으리라. 하지만 당황한 기색마저도 없어 보인다. 오히려 냉정한 표정으로만 비쳐지고 있었다. 원장은 교회를 빼앗고 주민들 통성의 기도 소리는 뒷전이었다. 중앙공원 확장공사(1962년)로 벽돌공장을 허물고 높은 굴뚝을 무너뜨린 지 얼마 지나지 않아 요청하지도 않은 4월 3일 천주교회 본당 선축의 기공식을 하고 있었다. 건평 130평의 웅대한 건물은 그해 11월 11일 낙성식을 하고 있었다. 원장은 천주교회와 달리 장로교회만 더욱 강경한 태도로 보이고 있었다. 1962년 환자 지대에 목사님 출입금지령이 내려졌다.
>
> -『엄니의 희생』

조창원 원장은 환자들의 이권 중심 세력이 교회를 바탕으로 이루어지고 있다고 보았다. 자치회 임원이 교회 장로이며 이들이 큰 세력을 이루어 치료 목적으로 사용되어야 할 병원 건물을 무단으로 사용하고 있어 이들을 몰아냈다고 주장하는 한편, 환자들은 천주교인이 대부분인 직원들의 거짓말에 속아 천주교를 두둔하며 기독교를 박해한다고 믿었다. 당시의 충돌은 복지부에서 관목을 파견하며 조율할 정도로 큰 파문을 불러왔다. 현대의 의료에서 중시되는 환자의 심리와 정서적인 고려가 당시에는 무시되는 상황이었고, 이를 기독교회를 중심으로 한 신앙의 힘으로 충족되고 있었음은 강선봉, 강창석 두 작가의 글에서 공통으로 확인할 수 있다. 이런 고려에 대한 무지가 사태의 본질이었겠지만, 강창석의 작품과 조창원 원장의 수필 『허허, 나이롱의사 외길도 제 길인 걸요』에서 볼 수 있듯이 여전히 당시의 상황을 다른 각도에서 보고 있음을 알 수 있다.

> 나는 종교를 믿는 사람이 아니지만 그렇다고 종교의 힘을 부인하지도 않는다. 그러나 종교가 본래의 순수한 의의에서 벗어났을 때는 그 힘을 믿지 않는다. 소록도에 처음 부임해서 얼마 안 됐을 무렵의 일이다. 내가 부임할 당시에는 소록도에 기독교 쪽의 장로교가 큰 세력을 이루고 있었으며, 100여 명의 천주교 신자가 있었다. 천주교에서는 자유당 때 소록도의 포교 활동을 해도 좋다는 허가를 받아 미국에서 마이클이라는 신부가 와 있었으나, 장로교가 교회 신축을 허용하지 않는 등 압력을 주었기 때문에 성당 하나 없이 포교 활동을 하고 있었다. 나는 그것이 부당한 일

이라고 생각했다. 종교의 자유가 보장된 나라에서 도저히 있을 수 없는 일이라고 생각되어 당시 국가 재건 회의에 보고하여 소록도에 성당을 짓고 포교 생활을 할 수 있도록 했다. 그렇지만 내가 기독교를 미워해서 그런 행동을 한 건 아니었다. 얼핏 보면 기독교와 천주교의 양자의 문제인데 내가 끼어들었다고 생각할지도 모르지만 앞에서도 말한 것처럼 나는 종교가 없는 사람이다. 다만 형평성에서 벗어난 일을 그냥 보고만 있을 수 없어서 취했던 행동이었다. 그리고 또 한 가지, 나와 직접 연관된 문제가 있었다. 장로교에서는 소록도 내 7개 부락의 병원 치료소 간판을 떼어 내 버리고 그 대신 예배당 간판을 걸어놓았다. 그뿐만 아니라 교회의 목사들은 신자들에게 정부에서 주는 양곡과 부식을 헌금으로 걷고 있었다. 물론 교인들이 헌금을 내는 것은 당연한 일이라는 것쯤은 나도 알고 있었다. 하지만 정부에서 조금씩 배급하는 양곡을 쪼개서 교회가 받는다는 것은 한 번쯤 생각해 볼 일이었다. 성직자가 소록도에 온 것은 환자들에게 도움을 주러 온 것이 아니었던가. 그렇다면 환자들을 돕는 일이란 도대체 무엇인가. 무엇보다 그들의 잃어버린 인권을 찾아주고 사랑을 나누어 주는 데 성직자가 앞장서는 일이었을 것이다. 물론 교회가 그 일을 하지 않았다는 말은 아니다. 단지 사랑의 복음을 전하는 데 있어 더욱 헌신적인 필요가 있었다고 본다. 장로교의 세력이 커졌다고 해서 환자들의 진료소를 예배당으로 만들어놓은 것은 나로서는 도저히 이해할 수 없는 일이었다. 나는 고심한 끝에 이러한 상황도 국가 재건 최고회의에 보고를 하게 되었다. 그 결과 그때까지 활동하던 목사들은 섬을 떠나게 되었다. 나는 또 나라에 교목 제도를 도입할 것을 건의했다. 그러자 목사들은 종교탄압을 한다며 환자들을 부추겼고, 내가 종교탄압의 주범이라며 최고회의에까지 올라가서 시위를 벌였다. 그러나 나는 내 할 일만 묵묵히 했다. 나는 결코 기독교라는 종교가 미워서 그런 일을 한 것이 아니었다.

> 나는 진료소에 걸려있던 교회의 종과 간판을 모두 떼어내고 환자들을 치료할 수 있는 상태로 원상 복귀시켰다. 진료소는 환자들을 치료하는 곳이지 기도를 하기 위한 곳은 아니라는 사실 때문에 그런 것이다. 병원에서는 치료를 하고 기도는 예배당에서 보는 것이 제대로 된 모양새가 아닌가. 나는 환자들이 기도를 할 수 있는 공간을 마련해주기 위해 환자들 자체적으로 사회 종교단체에 건의하도록 하여, 소록도에 교회도 크게 지을 수 있는 여건을 마련했다.
>
> -『허허, 나이롱의사 외길도 제 길인 걸요』

조창원 원장의 입장과 환자로서 작가의 분신인 고홍주라는 인물의 입장은 동전의 양면처럼 한 사건의 이면을 잘 보여준다. 이 두 작품은 역사의 진실이 어떤 것인가에 대한 답이 될 수 있다. 하지만 그 답은, 누구의 진술이 더 진실에 부합하느냐에 관한 것이 아니다. 진실은 사실에 입각한 이성적인 원인보다는 사건을 겪은 인간의 경험과 그로 인한 트라우마라는 지극히 주관적인 감정의 피해 상에 가깝다. 실체적 진실, 사실관계, 사건의 맥락보다 중요한 건 피해자의 심리와 정서라는 점이다. 이는 휴머니즘의 영역이기 때문에 이를 혼동하지 않았으면 한다.

5 소설의 탄생

앞서 분석한 두 작품은 공통으로 병원 당국이라 불리는 관치 의료체제에서 폭력으로, 의료의 방임으로, 종교의 억압으로 피해를 받아왔음을 증언한다. 다시 말해, 현대사적으로 '공공의료'의 태동을, 소록도 역사 소설로서 소록도의 역사적 격변과 이를 둘러싼 환자의 애환을 드러낸다. 그리고 이를 작가 개인의 삶을 통해 또는 동료 환자의 이름을 빌려 이를 전달하고 있다. 글을 쓰는 것은 곧 치부를 드러내는 일이 되는 시대에 사는 두 작가에게 무엇이 소설을 쓰도록 추동했는가에 대해 깊이 들여다보는 일은 '한센병 문학'이란 정의를 설정하는 과정에서 반드시 살펴볼 지점이다.

김형중은 『소설과 정신분석』에서 정신분석을 외부적인 분석 장치로서가 아니라 그 자체로, 정신분석 이론이 서사 이론 혹은 소설의 이론이기도 하다*고 주장한다. 그는 예술 창작의 심리적 기원이 '승화

---

* 김형중, 『소설과 정신분석』, 푸른사상, 2003, 23면.

(sublimation)'이고, 예술가를 '신경증(neurosis)으로부터 가까스로 도피한 사람'이라고 언급했던 프로이트의 정신분석 강의를 인용한다. 그리하여, 예술이 다음과 같은 단계를 거쳐 발생한다고 주장한다.

> [1] 최초에 리비도집중 대상의 소멸이 발생한다(좌절:setback). > [2] 이어서 대상 리비도집중의 철회가 실행된다(대상 리비도집중 철회:object cathexis regress). > [3] 잉여 리비도가 축적된다(리비도 과잉:hyper cathexis). > [4] 적절한 대체 표상을 발견하지 못할 때 리비도는 심리 발달상 초기 단계로의 퇴행을 시작한다(퇴행:regress). > [5] 퇴행은 유아기의 기억, 그러나 허구화된 환상의 경로를 따라 실현된다(원초적 환상:primal fantasy). > [6] 그리고 여기서 신경증 환자와 예술가로의 길이 갈린다. 예술가의 경우 첫째, 개인적 환상의 보편화 작업, 둘째, 성적환상의 탈성화(脫性化) 작업, 셋째, 망상적 환상의 예술적 가공 작업, 넷째, 작품에 대한 리비도 재집중 작업을 거쳐(승화:sublimation), > [7] 예술가와 예술 작품이 탄생한다.
>
> -『소설과 정신분석』

리비도와 관련된 욕구불만이 심해지면 인간은 신경증 환자가 된다는 건 프로이트가 이미 정신분석을 시작하며 내놓은 명제이기도 하다. 신경증은 인간의 리비도적 욕망과 자아 사이의 갈등으로 형성된다. 병적인 갈등은 리비도가 자아에 의해 오래전에 영원히 금지된 것을 향해 나아갈 때 발생한다. 추구하는 것이 이상적인 자아가 허락하는 쾌락과 만족이 아닐 때, 신경증 발생의 첫 번째 요건이 되는 것이다.* 그런 의미에서, 현실에 대해 실재적으로(actually) 기술하는 일이 억압되어 이를 허구적이지만 사실적(realistic)으로 서사를 창조하는 일에 매달리는 작가는 이미 신경증의 첫 번째 요건이 충족되었다 볼 수 있다. 이들은 현실 세계에서 실제적인 쾌락이 실현 불가능하기에 허구를 전제로 하는 소설 속에 사실적으로 서사를 창조하며 책상에 앉아 인고의 시간을 견뎌낸다.

김형중은 더 나아가 예술 일반의 기원이 아닌 '소설'의 기원에 대해 1909년에 원초적 환상, 혹은 백일몽의 가장 특징적인 유형에 '가족 로맨스(family romance)'라는 이름을 붙인 프로이트를 인용하여, 업둥이(enfant trouvé) 형**과 사생아(bâtard) 형*** 로망스로 이름을 붙이고 이런 '환상'의 서사성을 소설 장르의 서술 방식과 일맥상통한다고 주장한다.****

그의 이론에 따르면, 결국 작가(소설가)는 애착하는 무언가를 잃고(setback) 아픔과 고통 속에 몸부림치다가, 신경증 직전의 막다른 상황에서 축적된 리비도를 긍정적인 방향으로 전환하여 승화하고자 하는 사람이다. 즉, 소설가는 미칠 듯이 필사적으로 글을 쓰는, 또는 쓰지 않

---

* Sigmund Freud, 정장진 역, 『예술, 문학, 정신분석』, 열린책들, 2020, 352쪽.

** 자신의 부모가 둘 다 친부모가 아니라는 허구이다. 즉, 자신을 고귀한 혈통의 부모에게서 태어난 존재로 격상시키고, 대신 탈 이상화된 부모를 친부모가 아닌 양부모로 전락시키는 방식이 그것이다(김형중, 『소설과 정신분석』, 푸른사상, 2003, 50쪽.).

*** 아버지를 의부로 만들고, 친아버지는 고귀한 혈통이지만 현재는 어디에 있는지 모르는 존재로 격상시킨다. 대신 어머니는 그대로 자신과의 혈통을 유지하게 된다(김형중, 『소설과 정신분석』, 푸른사상, 2003, 50쪽.).

**** 김형중, 『소설과 정신분석』, 푸른사상, 2003, 45~51쪽.

으면 미칠 지경의 사람인 셈이다.*

앞서 언급한 두 작가는 건강한 신체로 태어나 자연재해와 같은 감염병에 노출된 후, 많은 걸 잃게 된다. 사회적인 소외의 시선과 차별, 격리라는 폭력적 경험도 문제이지만, 가장 소중한 가족을 잃게 되는 것은 그들을 고통의 극한으로 몰아넣을 것이다. 질병을 앓으면서 곁을 지켜준 엄마는 그로 인해 자식이 같은 질병에 걸려 고통스러웠으며, 질병을 앓게 된 아들을 떠나보내는 엄마는 다른 자녀를 걱정해 그와의 인연을 끊고, 그 아들은 옆에 사는 환자 어머니의 희생을 동경한다. 전염과 감염, 모정(母情)과 효, 도리와 윤리 같은 잣대는 그들에게 유효하지 않다. 그들은 그들의 아픔과 고통에 책임을 물을 무언가를 찾는다. 그게 인간의 조물주일 수도 있고, 자기 자신이 될 수도 있다. 종교에 의탁하거나 자기혐오를 지닌 채 살아가는 보편적인 태도를 벗어나, 아니 어쩌면 그것만으로 충족되지 않는 그들의 축적된 리비도를 승화한 결과가 앞선 두 작품이다. 이들의 글에 문학적이냐, 분류상으로 소설로 볼 수 있느냐 같은 학문적 언급을 하기에 이 두 작품은 너무도 필사적으로 쓰였고, 숭고할 정도로 그들의 상처를 숨김없이 내보였다.

승화는 정신분석학에서 성숙한 방어기제로 불린다. 두렵거나 불쾌한 일 또는 욕구불만에 부딪혔을 때, 인간은 자기 자신을 지키기 위해

---

* 조안영, 「장편소설 『인간은 그것에 관해 아무것도 알 수 없으리라』의 창작 실제」, 광주대학교 대학원 박사학위 논문, 2020, 3~6쪽.

무의식적으로 이에 대응하는 적응행위를 하게 되는데, 승화는 이 중 하나이다. 작가라는 부류는 욕구불만, 즉 스트레스가 닥쳤을 때 승화라는 방어기제를 작동시켜 사회적, 정신적 가치가 있는 것으로 치환하여 충족시킨다는 것인데, 그렇게 본다면 승화는 소설뿐만 아니라, 음악, 미술, 공예, 건축 등의 문학 분야, 더 나아가 종교나 사회봉사와 같은 모든 영역에서 가능하다. 김형중의 이론은 소설가가 왜 소설을 쓰는가에 대한 한 가지 원인적 가설을 제공하지만, 왜 하필이면 소설을 쓰는지, 소설을 창작함으로 인해 다른 영역에서 작동하는 승화의 기제와 어떤 차이점과 특성이 있는지에 대한 해답을 제공하지는 못한다.

그의 이론에서 승화로서의 예술 탄생의 각 과정을 자세히 들여다보면, 리비도 집중 대상의 소멸[1]에 이어 대상 리비도의 철회[2]가 일어나면, 일반적으로 우울이란 정서 반응이 뒤따른다. 이 과정이 반드시 잉여 리비도의 축적[3]으로 이어지지 않는다는 것이다. 우울이란 정서는 리비도의 결핍상태이다. [4]의 단계에서 방어기제가 정체되고 이는 우울증의 발현으로 연결될 수 있다. 만일, 리비도 과잉[5]으로 진행된 경우, 적절한 대체 표상을 발견하지 못하면 퇴행[4]이 진행되고, 이는 원초적 환상[5]으로 이어져 승화[6]가 일어난다고 주장했으나, 리비도 과잉[3]은 퇴행이라는 방어기제뿐 아니라 다양한 방어기제로 나타날 수 있고 그중 하나가 승화인 것이다. 따라서 퇴행[4]의 단계를 거치는 경우 원초적 환상[5]의 단계를 거쳐 승화[6]가 일어나는 것도 가능하지만, 리비도 과잉[3]이 바로 부정, 전이, 투사, 합리화, 행동화, 반응형성 등의 방어기제를 발현시켜 신경증이 발병할 수도 있는 일이다.

우리는 소설 속에 의미를 담고 또 의미를 찾는다. 의미의 객관성에 대해 잠깐 언급하고자 한다. 모두에게 적용되지 않고, 모두에게 각기 다른 의미가 있다는 점에서, 의미는 주관적이다. 하지만 각각의 의미는 순전히 주관적일 수는 없다. 의미가 주관적일 뿐 아니라 상대적이라는 말은 사람과 사람이 처한 상황과 관계가 있다는 것이다. 이런 의미에서 어떤 상황이 갖는 의미는 정말로 상대적이다. 의미는 일회적이고 유일한 상황과 관련되어 있다. 사람은 상황의 의미를 파악하고, 이해하고 인지하며, 인정하고 실현해야 한다.* 우리가 소설 속에서 하려는 일도 이와 다르지 않으며, 우리는 소설 속에서 저마다 자신이 원하는 의미를 찾을 수 있다. 이는 실존주의(분석) 심리학이 지향하는 바와 맥을 같이 한다. 실존주의 심리학자인 빅터 프랭클이 주창한 이 이론은 '인간의 삶은 기본적으로 의미를 찾아가는 과정이고, 인간은 그 과정에서 행복을 찾을 수 있다.'라는 문장으로 압축할 수 있다. 이 문장에서 '삶'이란 단어를 '소설' 또는 '문학'으로 대체하는 것도 가능하다. 의미의 상실과 목표의 부재, 삶의 의미와 목적의 결여로 고통받는 이들에게 행하는 실존적 분석 치료(로고테라피)**의 역할은 소설의 그것과 호환 가능한 것이라 할 수 있다. 이 역시, 발터 벤야민이 '소설의 독자는 실제로, 소설에

---

* Viktor Frankl(1986), 유영미 역, 『영혼을 치유하는 의사』, 청아출판사, 2017, 95~96쪽.
** 빅터 플랭클에 의해 주창된 로고테라피는 세 개의 기둥에 기반을 두는 의미 요법 치료이다. 즉 자유 의지(Freedom of will), 의미를 찾으려는 의지(Will to Meaning), 그리고 삶의 의미(Meaning of Life) 이다(Viktor Frankl(1969,1988), 이시형 역, 『삶의 의미를 찾아서』, 청아출판사, 2017, 34쪽. 참조.).

서 삶의 의미를 추출할 수 있는 그러한 사람들을 찾기 마련이'*라고 언급한 것과 결을 같이한다.

이미 오래전부터 소설의 작품분석과 비평에 정신분석을 활용해 왔다. 김형중은 소설 창작 과정이 정신분석학적으로 신경증으로의 진행을 억제한다며 일종의 치유 효과를 간접적으로 언급했다. 필자는 이에 더해 소설가는 창작이란 구체적 과정을 통해 문제적 인물을 만들어 신경증을 발현시키고 이들이 욕구불만(시련)의 상황을 대신 헤쳐 나가게 함으로써 객관화, 직면, 성찰, 재인지의 과정을 거쳐 왜곡된 인지를 수정하는 인지 심리치료**로써의 기능을 탐구했다.*** 더 나아가 독서를 통해서도 의미의 상실과 목표의 부재, 삶의 의미와 목적의 결여로 방황하는 세대에게 일종의 로고테라피(실존주의 분석치료)로써 효과도 기대한

---

* Walter Benjamin, 반성완 편역, 『발터 벤야민의 문예이론』, 민음사, 1983, 185쪽.

** 1960년을 전후로 벡(Aaron Beck)과 엘리스(Albert Ellis) 등이 주창했다. 인지 치료는 심리적 문제의 원인을 정신분석처럼 무의식에서 찾지 않고, 일상에서 작동하는 인지적 왜곡의 결과가 누적되어 발생한다고 본다. 합리적 정서행동 치료처럼 인지 치료는 비현실적인 생각과 부적응적인 신념을 자각하고 변화시키는 것을 강조하는 심리 교육적 요소를 포함한 통찰 중심 치료다. 스스로 잘못된 생각을 찾아내 확인하도록 격려하는 소크라테스식 문답법과 협력적 경험주의, 즉 다른 관점으로 자신을 돌아보도록 격려하여 자신의 신념 중 일부가 비합리적인 이라는 사실을 발견하도록 돕는 것이다(Gerald Corey, 천성문 역, 『심리상담과 치료의 이론과 실제』, CENGAGE, 2017, 332~333쪽.).

*** 정신치료로서 정신분석은 이미 낡은 도구에 지나지 않는다. 프로이트의 정신분석 이래로 많은 정신 또는 심리치료기법과 이론이 제기되었다. 현재의 정신과 치료는 약물치료를 기반으로 인지 치료와 자기 존중 치료, 실존주의, 인본주의 등의 이론이 바탕이 된 치료, 게슈탈트 치료, 대인관계 치료 등으로 다변화되어 폭넓게 활용되고 있다.

다. 이는 '어떤 소설이 좋은 소설인가'의 관점으로 전환될 수 있다. 대중적으로 재미있는 소설보다 문학적으로 기능하는 소설이 좋은 소설이라는 점은 앞선 논의들로 명확해진다.

　인간의 깊은 곳까지 내려가서 그 어둠 속에 앉아 있어 본 작가는 대낮의 햇살에서도 영혼을 느낄 것이라고 말한 신형철에 따르면, 작품의 깊이는 곧 인간 이해의 깊이다. 타인의 고통을 이해할 수 있는 사람이 깊이 있는 사람이고, 고통의 공감은 일종의 능력인데, 그 능력은 타고나는 것이 아니라는 것이다. 인간은 자신이 잘 모르는 고통에는 공감하지 못하며, 그것이 우리의 태생적인 한계다. 그래서 고통에 관한 공부가 필요하다.* 이런 견지로, 소설이 진정한 치유를 촉진하기 위해 소설가는 잘 모르는 고통에 대해 부단히 공부해서 깊이 있는 작품을 써야 하고, 독자 또한 작품 속의 낯선 고통에 공감하려 노력해야 한다. 앞서 말한 요소들은 소설을 쓰는 이유가 되기도 하고, 한편으론 소설을 읽어야 하는 근거가 된다. 그런 취지에서 한센병 문학을 이해하고 받아들여야 한다. 지금은 거의 사라진 한센병이란 감염병은 가난이 만들어낸 질환이고, 가난은 사회의 책임이라는 점도 간과해선 안 된다.

---

* 신형철, 『슬픔을 공부하는 슬픔』, 한겨레출판, 2018, 201~202쪽

6  나오며

    두 작가의 한센병 투병과 회복의 체험기는 우리나라 근현대사를 투영한 한센병 문학이다. 일본의 한센병 문학이 사회적인 차별과 편견, 소외의 기록이라면 분명, 소록도 한센병 문학에는 이와 차별되는 부분이 있다. 일본식민지 시절부터 이어진, 병원 당국이라 불리는 국가권력은 징계검속권이란 무소불위의 권한으로 보호받아야 할 환자들 위에 군림했다. 종교단체에 의한 선교 의료와 국가권력에 의한 관치 의료가 근현대의 공공의료라면, 소록도는 다미안 재단의 파견 의사를 받은 5년(1967~1971)을 제외하면 줄곧 관치 의료가 지배했다.* 보편적 문학 형식에 관한 미숙에도 불구하고, 소록도 한센병 문학은 사회적 차별과 멸시에 더해, 우리나라 공공의료의 태동과 폐해를 관통하는 생존기로서

---

* 조안영, 「의료 서사로 본 소록도」, 『한국의료윤리학회지』 27, 한국의료윤리학회, 2024, 11~14쪽.

체험소설로서 가치가 있다. 문학의 문법이라는 기득권의 잣대를 배움과 교류의 기회마저 박탈당한 이들에게 들이댄다는 것은 또 하나의 차별과 소외라는 가해일 수 있다. 이들의 작품을 이들의 방식으로 읽고 공감하는 일은 보편적인 문학 작품들에 비해 더 많은 이해와 노력이 필요할 수 있다. 앞서 신형철이 "작품의 깊이는 인간 이해의 깊이"라는 말이 이런 수고의 추동이 될 수 있을 것이다.

소록도라는 공동체는 다양한 층위가 있어, 외부의 시선으로 쉽게 이해하기 어려울 수 있다. 하지만, 이해하려는 노력조차 없이, 관료들이 익숙한 방식으로 다루려는 시도는 항상 실패해 왔다는 것이 소록도의 역사이기도 하다. 소록도엔 박물관이 있다. 한센병 박물관이라는 '질병' 박물관의 정체성은 괴이하다. 병원보다 더 크고 현대적인 박물관이 지금 소록도가 나아가는 방향을 보여주는 것 같아 마음 아프다. 애초에 박물관보다는 문화관을 지어야 했고, 박제된 과거의 유물과 문화재를 발굴할 것이 아니라 생존해 있는 현재 소록도 입원 환자의 (과거와 현재의) 삶에 초점을 맞추어야 했다. 이름처럼 한센병을 전시한 것도 아니고, 한센병을 관통한 인간의 역사와 문화를 기억하고 질병을 대하는 사회의 시선에 경종을 울리는 장소이길 바란다. 세계 10대 경제선진국이 된 대한민국에서 지금, 우리는 국립 소록도병원을 유지하며 지키려는 가치가 무엇인가, 라는 질문에 답해야 한다.

참고문헌

1. 기본자료

- 강선봉, 「소록도, 천국으로의 여행」, KIATS, 2012, 216쪽, 221쪽, 122쪽, 227쪽, 229~230쪽, 232~233쪽, 277쪽.
- 강창석, 「엄니의 희생」, 서라벌문예, 2016, 197~198쪽, 201~205쪽.
- 조창원, 「허허, 나이롱의사 외길도 제 길인 걸요」, 명경, 1998, 57~59쪽.
- 조안영, 「의료 서사 창작을 통한 성찰과 치유 가능성: 소록도 구술 채증에서 문학으로」, 「문학치료연구」 72, 한국 문학 치료학회, 2024, 399~400쪽.
- 김형중, 「소설과 정신분석」, 푸른사상, 2003, 23쪽, 43쪽, 45~51쪽, 50쪽.

2. 단행본

- 강선봉, 「곡산의 솔바람 소리」, 알렙, 2016.
- 강창석, 「내가 사는 소록도」, 서라벌문예, 2009.
- _____, 「소록도 시향」, 서라벌문예, 2012.
- 이청준, 「당신들의 천국」, 문학과 지성사, 2012.
- 이청준, 「야윈 젖가슴」, 마음산책, 2001.
- 조태일, 김영석, 김종회 등, 「문학의 이해」, 한울아카데미, 1999.
- 오탁번, 이남호, 「서사문학의 이해」, 고려대학교 출판문화원, 1999.
- 한순미, 「격리-낙인-추방의 문화사」, 전남대학교 출판문화원, 2022, 57~58쪽.
- 신형철「슬픔을 공부하는 슬픔」, 한겨레출판, 2018, 201~202쪽.
- Jean Yves Tadié, 김정란 등 역, 「20세기 문학비평」, 문예출판사, 1995.
- Jeffery E. Young et al., 최영민 역, 「새로운 나를 여는 열쇠」, 열음사, 2008.
- Lucien Goldmann, 조경숙 역, 「소설사회학을 위하여」, 청하, 1982, 45쪽.
- M Scott Pack, 최미양 역, 「아직도 가야 할 길」, 율리시즈, 2011.
- Martin Heidegger, 오병남 역, 「예술 작품의 근원」, 예전사, 1996.
- Sigmund Freud, 정장진 역, 「예술, 문학, 정신분석」, 열린책들, 2020, 352쪽.
- Theodor W. Adorno, 김유동 역, 「미니마 모랄리아」, 길, 2005.
- Viktor Frankl(1986), 유영미 역, 「영혼을 치유하는 의사」, 청아출판사, 2017, 95~96쪽.
- Viktor Frankl(1969,1988), 이시형 역, 「삶의 의미를 찾아서」, 청아출판사, 2017, 34쪽.
- Walter Benjamin, 반성완 편역, 「발터 벤야민의 문예이론」, 민음사, 1983, 185쪽.

3. 논문 및 기타

- 조안영, 「장편소설 『인간은 그것에 관해 아무것도 알 수 없으리라』의 창작 실제」, 광주대학교 대학원 박사학위 논문, 2020, 3~6쪽.
- _____, 「의료 서사로 본 소록도」, 『한국의료윤리학회지』 27, 한국의료윤리학회, 2024.
- 이지형, 「일본 한센병 문학의 의의와 현재성」 『일본연구』 25, 고려대학교 글로벌 일본연구원, 2016, 76~77, 83쪽.

요약

　소록도에 거주하는 한센병 생존자, 즉 국립 소록도병원 입원환자 중 서사적인 수필이나 소설을 창작한 인물을 찾아 두 명의 후보를 발굴하고 그들의 작품을 분석하는 방식으로 연구를 진행하였다. 연구 시작 당시 생존한 환자들의 작품을 우선으로, 소설로서 완성도가 높은 작품과 되도록 근래에 쓰인 작품을 기준으로 하였고, 그 결과 2006년에 발간된 강선봉의 『소록도, 천국으로의 여행』과 2016년에 발간된 강창석의 『엄니의 희생』을 선정하였다. 두 작가 모두 다수의 시집과 수필집을 낸 경력이 있고, 선정된 두 작품의 분석을 위해 다른 작품들도 본 연구에 참고하였다. 또 같은 시대 상황을 다른 관점에서 비교하고자 관계자의 수필도 본 연구에 활용하였다. 세부적인 분석은 작품 속의 사건들과 이에 대한 작가의 태도와 표현 방식을 살펴 질병 경험과 이를 통한 작가의 감정과 삶의 태도에 대한 영향을 살펴보고 관계 자료를 교차 확인하는 방식으로 진행하였다.

　고찰에서는 두 작가에게 무엇이 소설을 쓰도록 추동하는가에 대해 깊이 들여다보았다. 김형중은 『소설과 정신분석』에서 정신분석을 외부적인 분석 장치로서가 아니라 그 자체로, 정신분석 이론이 서사이론 혹은 소설의 이론이기도 하다고 주장하였고, 예술 창작의 심리적 기원이 '승화(sublimation)'이고, 예술가를 '신경증(neurosis)으로부터 가까스로 도피한 사람'이라고 언급했던 프로이트의 주장을 다뤘다.

　한센병의 역사와 소록도의 가치를 소비하는 대상들이 각자의 관점에서 편의적으로 받아들이고 있는 건 아닌지 확인하는 과정은 지속적으로 필요하다고 생각된다. 이 과정에서 가장 중요한 것은 한센병 질병 경험에서 생존한, 소록도 역사와 함께한 '사람'일 것이다. 그런 관점에서 이분들이 직접 쓴 문학작품을 분석하는 일은 그 핵심 가치를 탐구하는 과정으로써 소중한 작업이 될 것이다.

4장

의료 서사로 본 소록도*

* 조안영. [의료서사로 본 소록도: 의료적 망탈리테 역사의 관점에서], 한국의료윤리학회지 27, 한국의료윤리학회. 2024년 3월(KCI 등재)

1  시작하며

　국립 소록도병원은 개원 후 107년이 지났다. 입원환자들은 일생의 대부분을 한센병이란 질병을 관통하며 이로 인한 후유증으로 아픔을 겪고 있다. 평균 연령이 78.2세(2023.1.1.), 평균 유병기간은 60.3년(2023.2.1.)이란 숫자를 열거하지 않더라도 이들의 오랜 고통과 소외는 이미 널리 알려져 있다. 이중 상당수는 만성상처(궤양)를 갖고 있는데 수족부 장애와 긴 수병기간으로 인해 호전과 악화를 반복하는 상태다. 대부분의 만성상처는 짧게는 수년에서 길게는 4,50년간 지속되고 있으며, 주변에 만성골수염으로 인한 골변형을 동반한다. 수지나 족지에 골이 노출된채 상처 위에 딱지나 굳은살이 덮이면 그것으로 상처가 다 나았다고 생각하는 환자도 흔히 볼 수 있다. 그들이 보기엔 상처가 나았다가 다시 생기는 일의 반복일테지만, 의사의 눈에는 호전과 악화를 보이는 하나의 계속되는 만성상처인 경우다. 그들의 삶에 녹아 있는 이런 류의 인식의 차이를 진료과정에서 종종 발견할 수 있다. 그들의 눈높이에서 겪는 경험들로 인해 확고해진 신념들은, 이를테면 이런 것이다.

잘 낫지 않는 상처를 보며, 40여 년 전의 경험을 떠올려 당시에 어렵게 구한 또는 누군가로부터 받은 연고 또는 약을 먹고 나았으니, 그 약을 달라고 요구하는 환자가 있다. 70~80대의 환자가 30~40대에 먹었던 약은 생산이 중단되었고 개선된 새로운 약으로 대체되었으나 그약은 효과가 없다는 것이다. 단종되어버린 옛날의 그 약은 당시에는 귀한 약이었을 것이고, 젊은 그들의 신체는 약이 아니어도 나았을 정도로 면역력이 좋았을 것이라는 사실은 쉽게 간과된다. 그들의 기억 속에 40년 전의 젊은 자신과 지금의 자신은 같은 사람이기 때문이다. 그때 그 귀한 약을 먹고 나았으니 지금도 그 약을 먹으면 나을 것이란 신념은 40년간의 의학 발전을 무력화시킬 정도로 강력하다. 40년의 노화를 망각한 채, '나는 변하지 않았으니 그때의 약을 먹으면 그때의 경험처럼 나을 것'이라는 신념으로 21세기 의사에게 20세기의 치료와 약을 요구한다.

이들에게 올바른 치료는 어떤 의미이며, 의미 있는 치료란 또 어떤 것일까에 대한 고민을 하지 않을 수 없었고 그 해답은 의학 교과서나 논문에서는 찾을 수 없었다. 해답에 다가가기 위해서는 결국, 그런 신념이 형성된 환경과 그들의 경험을 들여다봐야 하는 것은 분명해 보인다.

그들의 관점에서, 본인의 몸은 본인이 가장 잘 알고, 과거의 병력과 치료의 경험 또한 본인이 가장 잘 알기에 현재의 유사한 증상만으로도 진단의 과정을 건너뛰어 그때의 그 약이 필요한데, 현실의 의사들은 권위에 사로잡혀 자신의 병을 자신만큼 잘 알지도 못하면서 박해한다 생각하고, 더 나아가 돌팔이나 말이 안 통하는 무도한 사람이라 생각할 수도 있을 것이다.

그들의 편에서 주장을 계속하자면, 한센병을 비롯한 많은 질병은 현대의 자연과학으로도 모든 것을 밝히고 증명할 수 없다. 잘못된 신념을 잘못이라고 말할 수 있는 것은 현대의 자연과학에 기반한 것이며, 40여 년 전의 자연과학보다 지금의 과학이 더 발전되고 더 완성된 것임을 전제로 하더라도 자연과학으로 설명되지 않는 부분이 여전히 있음을 부정할 수 없다. 특히 질병과 치료의 분야에서는 그렇다.

그런데도 불확실한 질병을 확신하고 판단하는 모순 속에 있는 것이 의학의 본질이다. 그리고 의학과 임상에서의 치료는 각기 다른 목표와 가치가 있다. 의학은 자연과학에 기반하지만, 치료는 이를 포괄하여 환자에게 다가가는 것이며 치료의 대상은 질병이 아니고 사람이라는 점에서 그들이 그릇된 신념을 갖고 있다고 판단하기 전에 그들에게 올바른 치료, 즉 현재의 소록도 환자에게 의미 있는 치료가 무엇인가에 대한 해답을 구하는 일과 이를 위해 그들의 경험을 이해하는 노력은 타당하다.

한센병 또는 한센인과 관련된 선행연구들은 대부분 한센인의 격리제도와 한센인 정착촌에 집중되었다. 한센병에 대한 정부 정책을 열거하고 이들의 폐해와 시대상황을 기술하거나, 한센병 환자로서 경험을 문학적인 관점에서 고찰한 연구들이 주를 이룬다.

사회학 분야에서 김재형의 「한센인의 격리제도와 낙인, 차별에 관한 연구」[1]는 한센인의 격리제도에 초점을 맞춰 인격에 대한 낙인과 차별적인 제도의 근거와 정부 정책의 변천사, 정착촌과 음성환자에 대한 의료제도의 변화과정을 거시적으로 기술했다. 일본 식민지 시절부터 이뤄진 격리제도에 의한 인권침해 문제에 대해 다루며, 강제 격리제도를 모든 국가가 받아들인 것은 아니었고, 낙인과 차별은 어떤 주체가 아니라 사회 전체에 의해 행해진 폭력이라는 관점에서 의료복지적 성격으로서의 한센병 환자 관리의 필요성을 도출하는 방식으로 한센인의 고통의 역사에 대한 식견을 제공한다.

노인복지분야에서 노상근의 「한센인 정착촌에 대한 현상학적 연구」[2]는 강제 격리제도가 사라졌지만 또 다시 정착촌이라는 이름으로 바뀐채 지속되는 한센인의 '모여 삶'이란 의료문화의 본질에 대한 연구로서 이들의 과거로부터 이어지는 고통을 미래에 대한 고민까지 연장시켰다. 한센병 문학의 선구자인 한하운의 시 세계를 통해 이런 논의를 발전시켜 그들이 겪는 인간적인 문제까지 조화롭게 아울렀다.

문화연구분야에서 안지나의 「한일 한센병문학 비교연구」[3]은 근대의 제국 일본과 식민지 조선에서 실시된 강제격리제도와 식민지 조선에서는 '단종'이라 불린 국민우생법(1940년 제정)의 의료정책, 이와 더불어 차별에 대한 이야기를 쓰카하라 도시오의 『애증』(1956)과 이청준의 『당신들의 천국』(1976)을 비교분석하며 진행했다.

미술치료분야에서 유양지, 김갑숙은 「한센병 환자의 배우자로 살아온 고령 노인의 삶에 관한 미술기반 내러티브 탐구」[4]에서 80대 여성 2인에 대한 미술치료와 인터뷰를 통해 이들의 고단한 삶을 잘드러내며 치료효과를 증명했다.

김재형의 연구는 관료적 관점에서 식민지시대부터 근대를 관통하는 격리제도와 나병관리 정책에 대해 많은 자료를 수집했으나, 정부나 관련기관에 의해 정리되고 발표된 포괄적인 데이터와 정책의 연혁을 피상적으로 기술한 것으로 실제 의료현장의 실상을 알기엔 한계가 있으며, 노상근, 안지나 등의 연구는 환자의 입장에서 그들이 겪는 한센병의 투병기와 격리정책을 비롯한 정부정책의 폐해와 피해자에 대한 치료적 관점으로 접근하였다. 논의는 의료의 실제 현장보다는 그 주변에서 일어나는 삶의 고난사에 집중되었다.

의료 현장에서 일어나는 진료의 과정이나, 현장 의료의 내부구조와 환경, 치료라는 의료의 작용과 환자의 투병생활에 대한 사례나 이에 대한 질적연구는 찾을 수 없었다.

2 연구 방법으로서 내러티브* 탐구

본 연구는 관계적 탐구, 내러티브 탐구로도 지칭되는 질적연구방법을 사용한다. 일반적으로 의학 분야의 논문은 근거 중심(evidence-based)으로 접근하며 양적연구방법을 통해 의미 있는 결과를 도출한다. 이에 더해 공공의료 분야를 포함하여 의료정책을 수립하고 시행하는 정부 부처에서는 자료 중심(data-based)으로 문제에 접근한다. 질병관리청에서 매년 한센병 사업 관리지침이 출간되며 한센 복지 협회에서도 매년 다양한 통계를 생산하고 있고, 이에 따라 공공의료기관과 산하기관에

---

* 본 연구에서 내러티브(narrative)와 서사(敍事)라는 단어가 같이 사용되었다. 두 용어는 흔히 동의어로 취급된다. 사건들을 펼친다는 의미로 차례 서(敍)와 일 사(事)를 사용하는 '서사'라는 용어에 비해 나래이터(Narrator), 나래이션(Narration)과 같은 용어의 활용을 고려하면, 'Narrate'이라 동사의 명사형인 Narrative라는 단어가 대상자의 서정(敍情) 묘사를 포괄하는 필자의 의도를 더 잘 반영한다는 취지다. 본 연구에서 서사는 일반적이고 포괄적인 의미에서 어떤 사실들을 일련의 줄거리로 재현한다는 의미로 사용했고, 내러티브는 대상자의 서정을 담아 구술로 풀어내거나, 풀어낼 수 있는 서사를 주로 지칭한다.

서 관리되고 있는 환자들을 숫자로만 바라보며 관리하면서 생길 수 있는 관료주의적 관점과 계량화된 통계 만능주의의 맹점에서 벗어나고자 하였다.

일반적이지 않은 삶을 살아온 한센인들의 일반화를 추구하는 양적 연구로 한정하여 계량화하는 연구보다 개별 인간의 삶을 탐구하는 것이 임상 연구로써, 과학적이냐 인문학적이냐를 넘어 더 진리에 가깝게 다가가는 일이고, 지금 여기 우리*의 의료 현장에 더욱 가치 있는 일이 될 것이다.

한센병과 같은 만성질환자의 경우 개인의 질병 체험과 치료 경험은 개인의 역사다. 이는 개인의 서사이자 질병의 서사, 치료의 서사일 수밖에 없고, 진료의 기록이자 환자의 증상이나 치료반응, 치료 순응도와 같은 연구 자료이며 증거이기도 하다. 특히 세상과 단절된 소록도라는 섬에서 겪은 만성질환자의 서사는 질병과 치료의 경험에 더해, 의료라는 시스템에 대해 더 많은 정보와 자료를 제공하여, 근본적인 상황과 환경을 이해하고 이를 토대로 현재의 의료 문제에 대한 실마리를 찾을 수 있을 것이라 기대한다.

연구의 재료로 소록도 박물관에서 시행했던 구술화 사업의 결과물과 국립 소록도병원에서 발간한 출판물과 환자들의 출판물들을 참조했다. 2011년 발간된 국립 소록도 100년 구술 사료집[5][6]은 소록도

---

* '지금'은 시간성, '여기'는 장소성을 '우리'는 사회성을 대표한다.

재원 환자들의 서사를 본격적으로 수집하기 시작한 작업으로, 사라져 가는 소록도의 체험과 질병 경험 등의 다양한 주제에 대해 다수 환자의 서사를 여러 연구자의 인터뷰로 다채롭게 수집하여 기록했다. 환자들의 언어를 그대로 사용하였고, 이에 대한 연구참여자의 당시 상황과 소감을 따로 정리하여, 환자들의 서사를 그대로 옮기는데 충실했다 평가 받는다. 구술사업은 이후에도 계속되어 2019~2020년에 걸쳐 5권으로 구성된 『소록도의 구술 기억』이 발간되었다. 이런 작업의 결과물을 통해 그들에게 의료가 무엇이었고, 어떤 역할을 했는지에 대한 실마리를 얻을 수 있었다.

참고한 자료들은 국립 소록도 100년 구술 사료집은 I권. 『또 하나의 고향』[5], II권. 『자유를 향한 여정, 세상에 내딛는 발걸음』[6]으로 총 26인의 구술 사료를 정리했고, 『소록도의 구술 기억』은 I ~ III권[7][8][9]는 2019.12.27., IV~V권[10][11]은 2020.10.28.에 출간되었고 총 12인의 구술 서사가 기록되어 있다.

이와 더불어 환자의 창작물도 참고했다. 수필집과 소설, 수필, 시집 등을 통해 이들의 직접적인 서사를 들을 수 있었다. 강창석 『내가 사는 소록도』[12], 『엄니의 희생』[13], 강선봉 『천국으로 가는 길』[14], 『곡산 인동초 사랑』[15]는 환자가 직접 쓴 수필과 소설로 그들의 삶이 핍진하게 녹아 있다. 소록도에 복무했던 인물의 서사도 참조했다. 조창원 원장의 수필 『허허, 나이롱 의사 외길도 제 길인걸요』[16], 김두영 목사의 회고록 『몰래 익은 포도송이』[17], 2021년 소록도 생애사 기록화 사업의 결과물인 윤석선, 김오수, 윤봉자 『'작은 서울' 소록도』[18]

등이 있다. 중요한 기초 자료로 1979년에 쓰인 심전황의 『소록도 반세기』[19]와 이를 개정, 보완하여 1993년에 재출간된 『아으 70년』[20]을 활용했다. 이런 연구재료들은 대체로 "내러티브 탐구"라는 용어로 수렴된다.

내러티브 탐구를 정착시켰다는 평가를 받는 클란디닌(Clandinin)과 코넬리(Connelly)[21]는 "내러티브 탐구는 경험을 이해하는 방법이다. 이는 한 곳이나 여러 곳에서, 그리고 환경과의 사회적 상호작용 속에서 시간에 걸쳐 일어나는 연구자와 연구참여자가 함께 하는 협동작업이다. 연구자는 사람들의 개인적, 사회적 삶을 구성하는 경험 이야기의 중심으로 들어가서 그들이 경험을 살고, 말하고, 다시 말하고, 다시 사는 현장을 함께 하게 된다."라고 정의한다. 결국 내러티브 탐구의 본질은 개별 인간(Individual)의 경험을 이해하는 것이며, 이에 대해 이들은 경험을 '이야기화된 현상(storied phenomenon)'으로 개념화한다는 것이다. 인간은 개인적으로, 사회적으로 경험 속에서 이야기화된 삶을 살아가는데, 사람들은 그들 자신과 주변의 다른 사람들이 누구인지에 관한 이야기들로 매일 일상의 삶을 구성하고 이러한 이야기들로 과거를 해석한다. "이야기란 사람이 세상으로 들어가는 관문이며, 세상에 대한 그들의 경험이 해석되고 개인적으로 의미를 갖게 만드는 관문이다. 내러티브 탐구는 이야기로서의 경험에 대한 탐구이며 경험에 대하여 생각할 수 있는 최상의, 그리고 최고의 방법이다. 내러티브 방법론을 사용한다는 것은 연구에 있어서 '현상으로서의 경험'이라는 특별한 관점을 차용하는 것"이라는 클란디닌과 코넬리의 주장은 본 연구에 정당성을 부여하는 바 크다.

서사는 환자의 개인 경험과 그와 관련된 심리, 그리고 당시의 주변 환경에 대해 이해하고 해석하는 과정을 통해 질적연구로 거듭날 수 있다. 환자들의 구술(서사) 내용에서 잘못된 행위 사실, 즉 현재의 잣대로 위법하거나 비윤리적인 행위를 비난하려 든다면, 이 논고의 취지를 오독하는 것이다.

3 소록도, 반세기

소록도의 역사는 오랜 기간 방치되었다. 해방전후, 한국전쟁의 어수선한 상황과 그후 굵직한 한국 근현대사의 과정에서 소실되었거나, 드러내고 싶지 않은 역사이기에 암묵적으로 지워졌거나, 또는 자연스레 잊혀진 것인지 모른다는 생각으로 접근했지만, 연구를 거듭할수록 과거의 수많은 불합리한 역사를 일부러 기록하지 않은 것인지 모른다는 생각이 들었다. 일부 남아 있는 자료로 일제의 관료들에 의해, 해방후의 관료들에 의해 기록된 조각난 자료와 각 자료마다 제각각인 숫자, 원내 행사와 유명인사의 방문기록 등이 있지만, 이를 통해 소록도 환자의 투병 생활을 알긴 어려웠다. 소록도 역사에 대한 제대로된 기록은 소록도를 관리하고 운영했던 관료들이 아니라 1979년에 이르러 심전황이라는 환자의 책『소록도 반세기』[19]가 시작이었다. 이는 상당히 의미있는 사건이라고 보는데, 그건 권력자인 관료에 의해 쓰인 역사가 아니라, 피지배자라고 간주되는 환자들에 의해 기록된 최초의 망탈리테의 역사였기 때문이다.

망탈리테(mentalité)란 특정한 시대를 살아가는 이들이 공유하는 집단적 사고, 심성, 생활 양식을 뜻한다. 주도적인 지식인들에 의해 만들어진 계몽사상의 '고급' 문화가 밑으로 전달한 영향력과 상반되게 밑으로부터 만들어진 영향력이 프랑스 혁명 이전의 사회에서 작용하는 방식도 이와 유사하다. 근대 대한민국처럼 급격한 사회변화가 일어나는 곳에서 이런 망탈리테는 뚜렷해진다. 소록도처럼 고립되어 하나의 독립된 사회를 이루고, 한센병이라 알려진 신체의 변형을 초래하는 감염병을 겪는 집단으로 일본 제국 시대와 해방, 한국 전쟁과 군사혁명 시기를 겪어내며 수많은 통치자(원장)의 지배를 받은 사회라면, 역사를 단지 이력과 연보, 신문 보도기사로 정리할 수만은 없다는 것이다.

내러티브란 개인의 관점에서 일련의 사건들을 맥락에 따라 연결하여 구성한 이야기다. 개인의 삶은 자기만의 고유한 내러티브이며 우리는 이를 읽어냄으로써 그들의 생각과 행동의 의미를 유추할 수 있다. 진실은 누구에게나 다를 수 있다는 전제하에, 가장 진실한 소록도의 역사는 연보가 아니라 그들의 내러티브에 의해 쓰인 망탈리테의 역사임을 부정할 수 없다. 그런 관점으로 심전황의 『소록도 반세기』를 주목할 필요가 있다. 이 글의 서문은 다음과 같이 시작한다.

"소록도는 과거 일제의 철저한 격리 주의 밑에서 군림하던 관료주의

> 가 환자들의 생활 주변을 맴돌았기 때문에 환자들은 마치 탁류를 거슬러 노를 젓는 것과 같은 역경 속에서 투병 생활을 해 온 것이 사실입니다. 이에 따라 환자 스스로가 열등의식에 사로잡혀서 될 대로 되라는 자학적인 생활이 고질화하여 이 가운데에는 작은 이익을 참하여 갖은 사회악을 조장하는 환자들도 없지 않았다고 봅니다[19]."

심전황의 첫 문장은 '환자들의 생활 주변을 맴돌며 군림하는 관료주의의 폐해'라는 점을 지적한다. 1979년의 통찰은 현재의 공공의료와 맞닿은 부분이 있다. '병원 당국'이라는 용어로 미루어 그의 위치는 병원 당국의 피지배자였으며, 환자들의 지도자 또는 계몽자에 속해 있음을 추측한다. 그의 서술은 다소 권력 지향적인 문장이나 어휘로 역대 원장이나 사건을 평가하는 태도를 보이는 경향이 있는 것도 사실이나 당시 환자의 문맹률이 높아 글을 읽고 쓸 수 있는 사람이 드물었고, 손가락이나 손의 변형으로 글을 쓸 수 없는 환자들이 많았으므로 그들을 대변할 수 있는 가장 가까운 위치에 있었으므로, 그의 책은 환자들의 망탈리테를 잘 반영한 역사서로 충분한 가치가 있다.

그의 책에서 가장 먼저 발견할 수 있었던 점은 치료자나 의사로서 원장이 아니라, 통치자 또는 권력자로서의 원장이라는 존재였다. "배고파서 못 살겠다, 원장 물러가라!" 등의 구호나 "원장님은 어버이 같았다"라는 문장들은 그의 책에서 쉽게 관찰된다.

그의 책에는 1967년, 병원 신축 장소에 대한 이견으로 인한 차윤근 원장과 환자들 간의 마찰에 관해 아래와 같은 기술이 있는데, 이를 통해 원장이란 위치가 치료자보다는 통치자에 가까웠다는 사실을 유추할 수 있다. 그 당시의 분위기에 대해 그는 "소록도의 저 긴 역사는 체념의 연속과 그 체념을 운명으로 삼는 좌절과 실의 그 자체인지도 모른다"며, 그래서 언제부터인가 직원과 환자 간에 불신 사조가 싹텄고 때로는 이러한 불신감은 많은 사건을 유발했다고 지적한다. 또, "박순암 산업부장은 '낡아 빠진 19세기 관존민비의 관료 정신이 살아있는 한 소록도의 평화는 있을 수 없습니다. 사람은 감정의 동물이기에 말 한마디로 슬픈 사람이 즐겁게도 실망한 사람에게 희망을 줄 수가 있는데, 자기주장만 앞세워 자존한다면 그 눈은 불원목식, 이 시의 큰 과오를 범하므로 사람은 안명수쾌하고 안고수비하는 생활 윤리를 배워야 합니다.'라고 지도자론을 펴기도 했다[20]."며 관료 사회와 관치 의료를 싸잡아 비난한다.

그의 책에서 의료가 순수성을 잃고 관치 의료가 되면서, 의사가 아니라 통치자로서의 원장이 이끄는 병원은 치료가 아닌 통제와 감시의 주체가 되어버렸고 환자는 결국 피지배자로 이에 순응하거나 대항하는 선택을 해야 했던 세월을 읽을 수 있었다.

모여 삶

정착촌으로 대표되는 '모여 삶'의 문화는 역사적으로 여러 가지 요소에 기인한다. 원인과 치료법, 감염 경로를 알지 못하는 감염병이라는 사실에서 시작된 강제 격리와 수용, 감염병의 경과와 후유증으로 인한 신체 변형과 장애 그리고 그로 인한 차별과 박해, 원인과 치료법이 알려진 후에도 지속된 편견과 변하지 않은 차별 등이 모여 사는 주거문화를 형성했다.

초기 강제수용과 격리는 일제 식민 시절이 지나고 해방 이후에도 지속되었으며, 7~80년대의 재활, 탈시설화 정책의 하나로 시행된 정착촌 정책은 축산정책과 결합하여 성공사례로 간주되기도 했다. 이후에도 여전히 사회로의 복귀가 아닌 또 다른 집단 거주의 형태로 변화했으며 정착촌의 임대업 전환 등도 이루어졌다. 1969년 10월 발족한 한센총연합회는 이런 과정들을 이끌었고, 전국에 흩어진 정착촌을 아우르며 한센인의 인권 회복과 복지증진을 위하여 한센병력자들에 대한 건강증진 및 자립 기반 확충을 위한 정착 농원 공공사업, 평균 70세 이상 고령의 한센인들과 한센인 2세들의 복지향상을 위한 지원사업, 축산기술 등에 대한 교육 홍보 사업, 한센병에 대한 계몽 활동을 펼치고 있다.[*]

국립 소록도병원은 초기 격리정책이 본격적으로 시작된 장소 중 하나로 모여 삶의 문화가 여전히 지속되고 있다. 과거 8개의 마을로 중앙리, 남생리, 신생리, 장안리, 서생리, 동생리, 구북리, 새마을이 있었으나 현재는 장안리, 서생리 마을이 사라져 6개 마을이 존재한다. 이 마을들은 나름대로 별칭이 존재하는데 이남철 님의 말을 인용하자면 "말 많은 중앙리, 경치 좋은 서생리, 연애 잘하는 남생리, 바람 많은 구북리, 감투쟁이 많은 장안리, 있으나 마나 동생리, 오기 많은 신생리"^{**}라고 한다. 이는 소록도뿐 아니라 소록도 안의 각 마을도 역시 나름의 망탈리테를 갖고 있다는 방증일 것이다.

이 모든 마을을 아우르는 자치회가 존재하고 여기에 부속되는 산업반, 선도반, 총무반 등이 존재한다. 산업반은 자활조직으로 병원의 도로 청소 등, 선도반은 과거 보안대원 등으로 질서와 치안 유지, 총무반은 부식 업무나 환자 관리업무를 병원과 협조하여 수행하였고, 각 마을의 이장이 대표가 되어 정착촌으로서 소록도를 관리하였고, 현재도 일정 부분 그 명맥을 유지하고 있다.

국립 소록도병원은 과거 수천 명의 입원환자가 있었고, 이들을 관리

---

*   한국한센총연합회 홈페이지 내용을 요약했다.
** 소록도에 지금까지 구전으로 전해 내려오는 내용으로 이남철 님이 확인했다.

하기 위해 환자 자치단체가 영향력을 발휘하였다. 수천 명의 환자 중에는 비교적 건강한 환자와 아프거나 장애가 있는 환자가 뒤섞여 전국적으로 다양한 환경과 연령의 사람이 모여 있었다. 이들중 비교적 건강한 환자들이 자활이란 명목아래 환자 관리에 동원되었다. '환자에 의한 환자의 감시'라는 장치는 또 하나의 갈등을 만들었다. 강제수용이란 울타리 안의 직원에 의한, 그리고 이들과 협력하는 환자들에 의한 감시는 식민지 시대의 모습과 닮은 구석이 있다. 윤정모의 장편소설,『그리고 함성이 들렸다』[22]는 일제강점기의 소록도의 생활사를 묘사한 작품으로 감시와 통제를 위한 일제의 정책이 만들어낸 모여 삶의 실상이 잘 드러나 있는데, 일본인 원장과 일본인 간부들, 거기에 부역하는 조선인 직원, 그에 부역하는 환자들과 힘없고 아픈 장애가 있는 환자들 사이의 이야기를 제국주의와 식민사회를 대비하여 잘 풀어내고 있다. 작품 속에 등장하는 관료주의 의료문화의 모습은 이후 의료조무원 제도를 비롯한 환자가 환자를 치료하는 병원 정책등에 많은 영향을 끼친 것으로 보인다.

현재 자치단체는 직선제로 대표를 뽑는 민주적인 모습으로 발전해왔고 환자들의 권익을 위한 건강한 목소리를 내고 있다. 다만, 우려되는 부분도 있다. 환자들로 이루어진 공동체는 (환자 개인과 병원 간의 위탁계약에 의해 입원과 치료라는 프로세스로 진행되는 일반적인 병원에 비해) 그 특성에 따른 한계가 있는데, 환자의 위치에서 치료라는 과정은 민주주의나 공리주의, 공정한 분배와 같은 가치에 부합하지 않는 측면이 있다는 점이다.

예를 들러, 경증 질환이 있는 다수의 환자와 심각한 장애를 갖고 집중 치료가 필요한 소수의 환자가 공존하면, 의학적으로는 위중한 환자에 먼저 인력과 장비를 투입하는 게 옳지만, 공리적인 민주사회는 다수의 사람이 혜택을 받는 당뇨, 고혈압 등의 경증 만성질환에 예산과 인력이 투입되도록 요구되어 진다는 점이다. 투표로 결정되는 선거라는 민주 절차에서는 경증의 다수가 위중한 소수보다 많은 표를 갖고 있기 때문이다. 그런 점에서 의료상의 공정은 사회적인 공평과 공리와는 반대에 서 있다. 그런 이유로 의료에 정치가 관여하면 소리 내지 못하는 소수의 약자가 피해를 보는 일이 발생할 수 있다. 이런 피해가 치명적인 이유는 소리조차 내지 못하는 약자이기에 그들의 폐해조차 없는 것으로 취급된다는 것이다. 이는 현재 대한민국의 의료체계에서도 관찰되는 데, 공공의료를 포퓰리즘의 도구로 이용하는 정치인들의 공약과 정책들이 이를 대변한다.

'생활병동'이라는 이름으로 지속되고 있는 소록도의 '모여 삶'은, 의료적인 관점에서도 여러 가지 영향을 미치고 있다. 흔히 볼 수 있는 입원실을 갖춘 병원 개념의 치료병동과 대비되는 개념으로 국립 소록도병원 내의 정착촌과 유사한 마을 형태의 주거 단위를 생활병동이라고 부르는데, 기숙사 원룸 같은 개인 호사에서 거주하며, 배급되는 의복, 주식과 부식 등으로 의식주를 해결하는 형태로 대한민국에서는 이례적인 입원 형태다. 마을이라고도 불리는 생활병동마다 치료실이 있는데, 과거에는 많은 환자가 거의 매일 상처 치료를 해야 하기에 소수에 불과했던 의사에게 병원의 진료실에서 진료받기가 어려웠고 그래서 마을마다 치료실을 만들어 그곳에 마을 환자들이 모아 아침마다 약과 주사를 주고, 상처 치료를 하곤 했다.

이런 진료 방식은 지역 보건법상의 보건진료소와 유사하다. 무의촌 지역의 보건진료소는 의사가 아닌 보건 진료 간호사가 간단한 진료를 할 수 있도록 하고 있고 여기에 보충적으로 의사들의 처방을 받아 투약과 처치가 이뤄지는 형태인데, 소록도의 생활병동에서 이루어지는 진료의 방식과 유사하다. 병원 내에서 무의촌 지역에만 허락되는 보건진료소의 진료방식이 병행되는 의료 프로세스는 독특한 입원 공간*과 더불어 지금까지 국립 소록도병원에서 지속되고 있는데 이는 관점에 따라 현재의 의료제도 또는 법률과 상충하는 부분이 있다. 이런 관행의 유래는 과거 소록도의 의료문화와 관련이 있다.

과거 소록도에서는 환자의 상처 치료를 환자에게 맡겨왔다. 그 시작에 대한 기록은 찾을 수 없지만 일제강점기 병원의 개원 무렵부터 시작되었다고 알려졌으며, 해방후에도 의료조무원 제도라는 이름으로 지속되었다. 한국전쟁 이후에는 병원 당국에서 의학 강습소를 만들어 환자에게 2년 내외의 의학 과정을 교육했고, 교육을 이수한 환자에게 외과 수술과 상처 치료 등의 의료업무를 맡겼다. 1967년 다미안 재단이 소록도 의료를 담당한 이후, 제도는 어느 정도 개선되었으나 이런 행태는

---

* 일반 병원의 병실(일인실, 이인실, 다인실 등)이 설치되어 있는 치료 병동과 정착촌의 가정집과 유사하게 원룸 형태의 주거 형태로 '호사'라 불리는 개인 또는 보호자와 주거할 수 있는 병실로 이루어진 마을 병동으로 입원 공간이 나뉘어 구성되었다.

1980년대 초반까지 지속되었다. 의사를 비롯한 의료인력이 여전히 부족했고, 일제 식민지 시절부터 한 세기 넘도록 이어진 치료의 행태라는 점에서 일종의 문화처럼 받아들여지는 부분도 있었다. 그간 소록도병원에서 무면허 의료행위가 성행했고, 오히려 병원 측에서 이에 주도적으로 개입한 정황들도 많다. 이 또한 하나의 망탈리테의 역사인 것이다. 물론 환자가 의사, 간호사 대비 너무 많았고, 섬이라는 지리적 측면과 한센병이라는 특수한 상황들 때문에 대안이 별로 없었다는 측면도 고려될 수 있다. 그렇지만, 그런 관행이 많은 부작용을 낳았고 수십 년이 지난 지금도 드러나지 않은 여러 문제점을 내포하고 있음은 분명하다. 김○상 님의 구술을 2011년 발간한 국립소록도병원 100년 구술 사료집에서 발췌했다. 그는 의료조무원 생활에 대해 다음과 같이 구술한다.

> 여기서 고등학교를 완전히 졸업 안 하고 중퇴를 했습니다. 그때 졸업은 할 수 있었지마는 의료부 계통에 들어가 간호원 생활을 조금 했어요. 난 가지 못했는데 의학강습소를 나오게 되면은 그 여러 가지 약 처방고 *만든 의사도 있고 그랬어. 또 내과면 내과, 외과면 외과, 자기의 기술 기능에 따라서 관리를 할 수 있었는데, 나는 그때 안 다녔지. 그냥 간호원 그런 명칭을 가지고 다니고 했어. 의사들 보조역할이지. 당시에는 우리 한센 가족들이 간호원을 다했어. 그때는 마을에 의사도 없어. 의사도 본관의 내과 의사, 외과 의사, 피부과 의사, 안과의사 그런 데만 의사 하나씩만 있고, 그다음부터 마을에 치료실부터 전부다 우리 한센인들이 했다

---

* 원내의 약국에서 여러 가지 원료를 배합하여 외용연고 등을 제조한 것으로 추정된다.

고. 치료실, 주임, 수간호, 차수 전부다 우리여서 치료도 우리가 다 하고, 우리가 주사 다 놓고 약 처방도 전부 해주고 그랬어.

나는 그때 외과에서 조금 근무를 했는데, 어떻게 해야만 상처가 낫을 수 있는지, 또 수술하는 과정 그런 것도 조금씩 배우고 그랬지. 그 일을 한다고 임금이라 줄 것이지, 그냥 봉사하는 일이여. 그래도 조금은 줬지. 솔직히 말해서 음료수대 정도랄까? 한 번 몇십 원인데, 몇십 원 주고 말지.

병원 당국에서는 원장 밑에 각 과에 과장, 계장 이런 사람도 행정적으로만 움직이고 그랬지. 실속은 우리가 거의 다 하다시피 했어. 각 마을에 치료실 다 있었는데 치료실 주임, 치료실 수간호, 수간호 밑에 간호원. 한 치료실에 한 열 명 이상 있었어. 초등학교를 졸업해 나오면 거의 다 간호원이에요. 졸업해 나오면 남자고 여자고 거의 다 치료실로 가지고 실습 배우게 만든다고. 치료하는 거 기술 배우고, 주사 놓는 기술 배우고.

그런께 나도 (불편한 손가락 보이며) 손이 이래도 주사 참말로 잘 놨어. 지금도 혈관주사고 어디 간호 못지않아요. 손, 발에 상처가 오랫동안 안 낫고 있는 사람들 딱 봐서 "아 이거는 어떻게 하면 낫겠다" 하거든. 상처에도 나쁜 살이 있는데 그것 때문에 새살이 차고 올라오지를 못해. 그거 보고 '무살'이라 그러는데, 그 '무살'이 상처에 차고 있으면 절대 상처가 안 나아. 그 나쁜 살을 다 도려내고 치료하면은 치료가 잘 되고 낫을 수가 있어. 상처보면 다 알아요. "아, 이거는 상했다. 어디가 잘못됐다. 신경 어디에서 어디 혈관 타고 간다" 이런 식으로. 그라믄 예를 들어서, (자신의 손가락을 가리키며) 요 엄지손가락 여기에가 지금 신경이 타고 지금 들어가는데 빨리 조치를 해줘야지, 안 하면 까닥하면 손을 절단해야 된다고. 신경 그 성한 데까지 잘라야 되는데 여기에서 바로 자른 것이 아니라 요 중간쯤 와가지고 찾아가지고 살을 째가지고 딱 잘라 버려야 돼. 그라믄 더 이상 썩어들어가질 못해. 뼈도 마찬가지라. 상해있으면 상한 데까지 짤라 내야 돼. 그렇게 하면은 거의 한 달 정도만 치료하면 거의 다 낫을 수가 있고.

외과 거기서 상처에 치료하는 방법, 수술하는 모든 과정을 눈으로 보고, 귀로 듣고, 실습도 해보기도 하고 그래서 하나하나 배운 덕이지, 정식으로 공부를 계속한 것이 아니고, 의대생들은 학술적으로 배우지마는 우리는 그때 학술 그런 건 배우진 않았지만 직접 실습해서 배웠거든. 근데 그때도 여기 의학강습소는 학술로 배우고 또 바로 각과로 배치돼가지고 실습도 하거든. 그래서 의학강습소가 2년제인데 졸업해가지고 나오면, 급수로 말하자면 주임급 바로 딴다고. 의학강습소 졸업해가지고 바깥으로 나가가지고 돌팔이의사 노릇 한 사람이 얼마나 많다고. 그 돈 잘 벌었어. 면허증 없어도 정식 의대생보다 훨씬 병을 더 잘 고치거든. 또 돈을 줘가지고 남의 의사 면허증을 임시 차용해가지고 사용하기도 하고 그랬어. 지금도 그런 사람 있어. 경상북도 김천 거기 내 친구가 하나 있어. 그 사람은 의학강습소도 안 댕겼어. 여기서 의료 생활을 오랫동안 했기 때문에 경험은 있지만, 그래도 의사 면허증이 없어. 그 친구는 대신 정식으로 의사를 하나를 자기 밑에 쓰고 있어. 월급 줘 가면서 하다본께 법적으로 걸릴 것이 없어. 그 사람도 참 잘살아. 그 사람은 한센병이라도 지금 성한 사람 한 가지라. 그 사람 아주 참말로 팔자 고쳐부렀어[5].

그의 진술에서 어떠한 환자가 의료조무원 또는 의학강습생이 되고, 어떤 교육을 받았으며, 이후 어떤 의료행위를 해왔는지 당시 상황을 추측할 수 있으며, 이외 다수의 구술자료[6][7][8][9]에서 위의 내용을 교차 확인할 수 있었다.

과거의 의료문화가 현재에까지 영향을 미치는 일면은 다시 정립될 필요가 있다. 일제와 해방, 한국전쟁과 근대 격변기를 거치면서도 현재까지 이어지는 의료 문화를 전통으로 보는 사람도 있다. 그럼에도 의료 현장만큼은 전문적이고 과학적인 근거에 기반하여 환자에 양질의 의료를 제공해야한다는 점은 모두가 공감한다. 현재에도 호사(개인 병실) 내에서 신문지를 깔고 상처를 치료하는 과정, 마을 치료실에서 동시에 여러 환자의 상처를 치료하는 과정 등은 과거의 관습에 기인한 것으로 보인다. 1917년 개원한 자혜의원처럼 지금도 마을 치료실의 대기실은 'ㄷ'자 모양의 구조*다. 환자들은 오는 순서와 상관없이 각자 자신들이 원하는 자리에 모여 앉아 치료실 간호조무사를 기다린다. 치료실 간호조무사들은 나무로 만든 다리 받침대를 환자 앞에 옮겨놓았고, 환자들은 상처가 있는 다리를 그 받침대 위에 올려놓는다. 서너 명의 환자가 그런 상태로 간호조무사의 치료가 끝나기를 기다린다. 'ㄷ'자 의 가운데에 2~3명의 간호조무사가 맨손**으로 일회용 드레싱 세트에서 플라스틱 핀셋으로 포타딘이 적셔진 코튼을 집어 상처에 문지른 후, 포타딘

---

* 1917년 문을 연 자혜의원은 소록도병원의 시작이다. 지금까지 잘 보존되고 있는 이곳의 치료실 또한 'ㄷ'자 구조이다.

** 소록도에서 '맨손'에는 여러 가지 의미가 담겨있다. 과거 전염의 위험 때문에 의료진은 환자와 접촉할 때 모두 여러 가지 형태의 '장갑'을 착용했다. 이는 나균에 대해 환자로부터 의료진을 보호하기 위한 수단이었다. 이후 마리안느, 마가렛 간호사 등이 맨손으로 환자를 접촉하였던 일은 환자들의 마음에, 자신들의 전염력이 없음을 입증한 의미에 더해 진정으로 받아들이는 성스러운 마음의 상징이 되었다. 하지만 지금의 상황에서는 환자에게로의 다제내성균 등의 상처 감염이 문제가 되고 있으며, 이의 차단을 위해 필요한 게 사실이다. '장갑'이란 일종의 장벽은 병원처럼 환자를 보호하기도 고립시키기도 하는 이중의 의미를 지닌 것이다.

이 적셔진 거즈를 상처 부위에 올려 덮고 그 위에 깨끗한 거즈를 올려 반창고를 붙이는 방식으로 드레싱을 마무리한다. 모든 환자의 상처가 똑같은 방식으로 이뤄지고, 간혹 폴리비닐 장갑을 끼고, 10번 또는 20번 메스 날을 들고 환자 상처 주변의 굳은살(callus)을 깎는 경우도 있다. 이런 과정들은 감염, 특히 다제내성균의 기회감염을 높일 가능성이 있다. 이와 관련한 폐해를 막기 위해 창상 치료센터를 만들고 분리된 공간에서 한 명씩 치료하고, 간호사와 간호조무사들로 구성된 창상 전문 인력이 전체의 창상을 치료하도록 하고, 이들에게 최신 지견의 창상 치료법을 주기적으로 교육하여 높은 역량의 창상 지식을 갖추도록 하는 일이 대안이 될 수 있다. 전문적이며 체계적으로 관리되는 창상 치료센터 내에서는 전문 의사의 지도 감독이 수시로 이뤄질 수 있어, 의료법의 취지에도 부합한 치료 프로세스가 될 것이므로 앞서 제기한 의료제도 또는 법률과 상충하는 문제도 해결할 수 있을 것이다. 이런 과정에서 의료의 질의 높인다면, 환자가 환자를 치료하던 경험을 지닌, 그래서 의료불신이 쌓인 환자들을 전문적인 의료체계로 이끌 수 있을 것이다. 이런 방향으로 소록도 의료 문화의 변화가 필요하다.

과거의 부정적인 치료 경험이 있는 환자들이 있고, 당시의 선택적 경험과 단편적인 지식을 현재까지 적용하려는 환자와 환자 보호자들이 있다. 그리고 여기엔 의사들도 일정 부분 이바지한다. 2~3년 단기간 근무하는 공중보건의사 위주의 공공의료와 임기제 의사 공무원, 임상경험이 부족한 공무원 의사들의 서툰 접근과 잦은 전직이 불신을 키워왔음을 부인할 수 없다. 이제는 무언가 해야할 때인 것이다.

5 선교와 헌신

    소록도의 일면이 소외와 차별, 멸시와 혐오로 표현된다면, 다른 면을 선교와 봉사, 헌신으로 표현할 수 있다. 소록도엔 수많은 의사와 간호사들이 다녀갔다. 외국에서 온 이들은 선교의 일환으로 의료를 펼쳤고, 종교재단에서 파견한 의료진도 있었다. 그리고 이들과 함께 소록도를 지킨 우리나라 의사들도 존재한다. 온 국민이 알고 있는 마리안느와 마가렛 간호사, 기독교 선교사로 여수 애양병원의 의사로 있으면서 소록도를 자주 찾았던 토플[23], 그리고 다미안 재단의 일원으로 반드르겐 부룩과 함께 이곳에서 일했던 샤를 나베* 뿐만 아니라, 한국인 의사로 김인권, 하용마 등 수많은 사람이 이곳을 지켰다. 그중 의료분야에서 소록도 변화의 초석을 꼽는다면 67년부터 5년간 파견된 다미안 재

---

* 벨기에 의사, 샤를 나베는 2023년 국민훈장 모란장을 받아 매스컴에 등장하기도 했다. 소록도 주민 이남철 등은 그를 반드루겐 부룩과 함께 '나비'란 이름의 서양인 보조 의사로 기억한다.

단의 의료진이었음을 부정할 수 없다. 다수의 외국인 의사가 젊은 선교사들이었던 반면, 49세의 나이로 소록도에 온 성형외과 의사, 반드루겐 브룩은 다미안 재단의 지원을 받아 의료진을 이끌로 이곳에 왔으며 벨기에 정부가 공식적으로 파견한 의사이기도 했다. 선교목적의 다른 의사들과 달리 그는 현대 의료의 정착을 위해 대한민국 정부가 공식적으로 초빙한 의료진이었던 것이다.

반드로겐과 마리안느

1840년 벨기에에서 태어나 하와이에서 한센인들과 함께 1873년부터 16년간 생활하며 그들을 위해 봉사하다 한센병에 걸려 1889년 4월 15일 선종한 성 다미앵 신부의 뜻을 기려 설립된 다미안 재단은 생전의 그의 봉사를 이어 한센인들을 위한 사업들을 펼쳤는데, 이 사업의 일환으로 1965년 4월 15일 벨기에 정부를 통해 한국 정부와 협약을 체결하고 소록도에 의료인력을 파견했다. 그 대표가 소록도 최초의 성형외과 의사, 반드루겐 브룩이다. 그가 적지 않은 나이에 고향인 벨기에를 떠나 소록도에서 무엇을 하고자 했는지는 이곳에 도착한 직후 발표한 1967년 신년사에 남아있다.

"다미안 재단의 직원은 나병 치료에 대해서 특별한 훈련을 받은 네 사람의 간호사로 더 보강되었습니다. 저는 지난 4월에 잠시 이 소록도에 왔었습니다만 지금은 나병 치료를 위해 다미안 재단이 한국에 제공하는 모든 원조를 관리하기 위하여 벨지움 정부에서 파견된 의사로 다시 왔습니다. 또 다른 의사 한 분도 금년에 도착할 것이고 제1차 계약기간은 5년입니다. 개인적인 말씀을 드리자면, 저는 나병 치료에 20년의 경험이 있습니다. 이 경험은 아프리카와 인도에서 얻은 것입니다. 한국의 나병 문제는 이런 나라들의 경우와 비교하면 그렇게 심각한 것은 아닙니다. 인도에는 나병 환자가 200만 명이나 되고 인구가 한국의 반밖에 되지 않은 아프리카의 콩고에도 30만 명이나 됩니다. 우리는 힘이 미치는 한, 소록도 환자들의 치료에 공헌할 수 있는 장비와 약품을 제공하겠습니다. 우리는 벌써 병원을 개설했고 장비도 다음 주에는 도착할 것입니다. 한편 우리는 한국 직원들과 함께 장안리 부락 환자들의 조사를 계획하고 있습니다. 환자들 가운데에는 마치 소록도의 옮겨 심을 수 없는 늙은 소나무들처럼 20년 혹은 30년 전부터 나병에 걸린 노인들이 있습니다. 하지만 이분들도 치료받아야 하는 것입니다. 물론 어떤 사람에게 있어 나병은 이미 없어졌지만, 치료받아야 하는 이유는 단지 이 병 때문이 아니고, 이 병에 의한 기형이나 다른 질병들 때문에 치료받아야 하는 것입니다. 그와 반대로 적당한 시기에 치료의 혜택을 받을 수 있어서 몇 년 동안에 나병이 치유된 젊은 분들도 있습니다. 이들 가운데 어떤 분들은 기형이나 불구가 되지 않았지만, 다른 분들은 기형이나 불구가 되었다고 해도 물리 요법과 수술로써, 어떤 기업에 종사하여 사회에서 재생할 수 있는 건강한 사람으로 다시 만들 수 있을 것입니다.

우리가 여러분께 제공하는 것 중에서 약품과 장비가 가장 중요한 것도 아니며, 수술도 단지 환자 치료의 작은 한 부분에 지나지 않는 것입니다. 가장 중요한 것은 환자를 치료하는데 협조하는 것입니다. 저는 모든 한국 직원과 모든 환자의 협조를 기대합니다. 이 협조는 여러분들이 주시는 새해 선물이 될 것이고 우리가 드리는 그 보상일 것입니다.

1967년 1월 1일

다미안 재단 한국 주재 대표 의학박사 반드루겐 브룩[20]"

반드루겐 브룩(우측)

그는 근무를 시작한 첫해인 1967년 새해부터 줄곧 원생들의 일제 검진에 나서 3개월 동안 장안리, 신생리, 중앙리를 조사한 후 당시 시행되고 있는 의료의 문제점을 발견하고 보사부 당국에 문제를 제기하고 이에 대한 대책을 요구하였다. 그간 환자가 환자를 치료하는 것이 고작이었던 소록도의 의료정책, 더 나아가 한국의 공공 의료정책을 서양 정통의학의 시각으로 평가한 것으로 그의 시각과 평가는 현재의 의료와 유사한 잣대였다는 점을 고려하지 않더라도 그의 평가는 꽤 적확한 것이었다. 그가 지적한 문제점은 다음과 같다.

① 의사 부족으로 인해 의학적인 적절한 치료로써 능히 치료할 수 있는 궤양을 의사가 아닌 환자가 함부로 집도해 많은 불구자를 만들고, ② DDS의 부족으로 단시일 내로 치료, 완쾌될 수 있는 환자까지도 최고 13~18년까지 수용되어 있고, ③ 환자가 격리되어야 할 병원에 환자 아닌 일반인(음성자)이 환자들과 함께 수용되어 있다[20][25]는 것이다.

이와 같은 지적에 보사부 당국은 의사가 부족한 것은 지원자가 적기 때문이며, 음성자가 양성 환자와 함께 있는 것은 4·19 이후 갑자기 병원 체제로 바뀌어 각 마을이 병원으로 흡수된 연유이고, 환자가 같은 환자를 수술하는 것은 의사의 지시 아래 조수로 일하는 것이라고 해명했다. 그의 전문가적인 지적에 대해 수긍하거나 원인을 분석하여 대책을 수립하는 것보다 어쩔 수 없었다거나 소록도에 부임한 지 몇 달밖에 되지 않아 아직도 한국의 실정을 잘 몰라 그런 평가를 했다는 식의 변명이 전부였다는 점은 놀라운 일이 아니다. 그나마 병원 측은 나병에 대한 정형, 성형 수술이 한국에 도입된 것이 불과 5년 내외로 짧아서 생긴 무지 때문이라고 수긍하는 태도를 보이긴 했으나, 이를 비난으로 받아들여 병원을 깎아내리는 일이라는 반응은 병원 당국이나, 환자들까지 매한가지였다.

어떤 환자는 반드루젠 브룩의 건의에 대해, "매스컴의 여신이라고 불리는 미국의 '넬리 블라이'라는 여기자가 1887년 정신병자들을 수용하고 있는 고도 '부락웰' 병원에 정신병자로 가장 투신하여, 그 병원에 수용된 수많은 환자의 목불인견의 참상을 밝혀내 미국 전 조야의 여론을 발칵 뒤집었다"는 사실을 상기시키며 비꼬기도 했다[20].

지금의 관점에서 보면, 당시 소록도의 문제점을 지적하고 이를 개선하기 위한 대책을 마련하여 의료의 영역을 발전시키려 했던 반드루젠 부룩의 노력은 심전황의 『아으, 70년』에서 볼 수 있듯이 병원의 위신을 추락시켰다고 받아들여졌다. 심전황은 환자들의 말을 빌어, "아직도 성형과 정형외과의 경험이 없는 병원 측의 의술진은 우선 의술면에서 위축받아야 했으며, 아무리 긴급을 요하는 절단 수술도 다미안 재단의 그 협약에 따라 재단 의술진의 합의 없이는 시술도 금해져 있어 이에 따른 피해는 환자들이 입게 마련이었다. 의술뿐만 아니라 모든 약품은 물론, 의사와 간호사들의 처우까지 다미안 재단이 보조해 줌으로 주객이 전도된 감이 없지 않아 마치 소록도병원이 다미안 재단에 예속된 듯 주체성을 잃어갔다[20]."고 주장했다.

현재의 시선으로 그때를 돌아보면, 당시 반드루젠 부룩의 지적과 문제 제기는 정확했으며 타당했다. 그런 그의 주장은 자신이 도와줄 환자와 자신을 지원해줄 정부와 병원당국 등 모두로부터 '잘 알지 못해 생긴 해프닝'으로 경시되었다. 당시의 관료주의 의료가 환자에게 환자의

(왼쪽부터) 마가렛, 마리안느, 안마리, 나베즈, 반드루겐, 마리아   마리아, 안마리, 마가렛, 반드루겐, 마리안느

    치료를 맡길만큼 무능했고, 이를 드러내지 않기 위해 수동적이며 폐쇄적으로 병원을 운영하여 의료 관련된 기록들을 생산하지 않거나 숨기며 임기응변으로 대응하는 상황과 전문적인 의학지식, 과학지식이 결여된 채 환자의 눈짐작으로 배운 '기술'이라 불리는 '의료'의 현장을 가장 객관적으로 관찰하고 평가할 수 있는 유일한 인물은 반드루겐 브룩이라는 추론은 충분히 근거가 있다. 그런 이유로 내부자의 관점으로 기술된 의료서사의 반대편에서 관찰자로서 겪은 당시 의료에 대한 그의 경험과 평가는 가치가 크다.

    낙후된 아시아의 작은 나라 속 작은 섬에 현대의술을 뿌리내리려 왔던 49세의 벨기에 성형외과 의사 반드루겐 브룩이 그가 도우려 했던 모든 이들, 즉 병원과 환자, 보사부 당국의 그런 반응을 보고 얼마나 허탈했을지 가늠하기 어렵다. 그런데도 그는 5년의 약속된 기간을 채웠고, 고국으로 돌아갔다.

6 환자가 환자를 치료하는 의료정책

 조무원 제도는 병원 당국이 제공해야 할 노동의 일부를 환자에게 할당하는 제도이다. 그 과정에 일정 부분 급여를 제공한다. 사무, 청소나 환경정화, 건설뿐만 아니라 의료영역에서도 이런 조무원 제도는 소록도에서 널리 활용되었는데, 환자는 많고 직원은 적다는 이유와 환자의 재활이라는 구실이 근거가 되었다.
 의료부문에서의 의료조무원 제도는 참여하는 의료의 수준에 따라 의학강습소 출신 의료요원, 의료조무원, 부첨인 등으로 분류될 수 있으며, 구술 서사와 각종 자료에 언급되는 의료조무원은 시기와 맥락에 따라 의학강습생, 부첨인, 의료보조원 등과 혼용되어 사용되고 있다. 특히 간호조무원 양성소가 생긴 이후, 양성소에서 교육받고 정규 자격을 취득한, 현재 의료제도에서 간호조무사에 해당하는 직원들도 경우에 따라 의료조무원이라 혼용되는 예도 있었지만, 본문에 사용되는 의료조무원은 환자로서 의료에 동원되어 소정의 급여를 받거나 받지 않고 행한 노동자를 칭한다.

의학 강습생

조무원 중에는 1년의 이론 학습과 1년의 실습 과정을 수료한 의학 강습생이 있는데 이들은 조제와 투약, 수술과 처방 등 의사 또는 약사에 해당하는 업무를 행하며 사무장, 주임, 수간호 등의 직책으로 복무했다. 그보다 짧은 2주 정도의 실습 교육을 받고 간호, 또는 간호 보조 업무를 행하며 간호조무원, 의료조무원이 있는데 이들은 의학 강습소 출신의 의료요원의 지시를 받고 복무하였다. 그리고 부첨인이 있는데, 이들은 비교적 건강한 환자로 6명의 환자 단위*의 일원으로 거동이 불편한 환자의 간병인 역할을 했으며 이들에게는 따로 급여가 지급되진 않았다.

---

* 당시에 보통 한 병사의 구성원이다. 현재는 1인이 한 병사를 쓰고, 이를 호사라 부르고, 2인 이상의 가족이 생활하는 병사를 가정사라 부르기도 한다.

다음은 의학강습소를 수료한 의료요원과 그렇지 않은 의료조무원의 구술서사들 중 일부를 발췌해 재구성했다. 이들은 모두 환자이며 환자를 치료한 의료인이었다.

의학강습소 출신 의료요원 A

1 의학강습소 입소

"녹산중학교 9회 졸업생이 되었다. 하지만 졸업식을 하고 나니 앞이 캄캄했다. 그 해에는 의학강습소 입학생을 뽑지 않는다는 말을 들었기 때문이었다. 원래대로 하면 의학강습소 6기생을 모집하는 해였다. 그런데 현재 강습소수료생들이 많아서 실습이 부실하고 인력이 남아돌아 신입생 모집을 1년 연기한 것이다. 시험은 녹산중학교 1, 2, 3학년 교실 전부를 사용해서 치렀다. 총 응시자가 70여 명이었으나 한 명씩 한 책상에 앉아야 해서 학교 전체의 책상이 필요했던 것이다. 내 앞에는 간호과장 딸이 앉아 있었다. 1958년 3월 소록도갱생원 부설 의학강습소 6기생에 내가 합격했다."

2 의학강습소 교육

"개강식과 함께 6기생 총대를 선출하고 25명이 학과 공부를 시작했다. 학과는 해부학, 내과 진단학, 외과, 안과, 이비인후과, 피부과, 치과, 약리학 과목으로 정해졌다. 선배들이 보았던 의학서적을 포함하여, 우리는 일본자료를 우리말로 번역하면서 공부했다. 일본어 자료이니 암기하기도 했고, 선생님들이 영어로 가르치면 또 영어로도 암기해야했다. 의대생들이 4년간 배운 내용을 중요한 부분만 추려서 1년에 끝내야 하니 가르치는 쪽이나 배우는 쪽이나 정신없이 바쁜 것은 마찬가지였다. 그중 가장 힘든 과목이 해부학이었다. 내과 진단학은 너무 어려워 이해가 되지 않는분야가 너무 많았다."

"제일 먼저 외과에 배정되었다. 외과에서 다시 신생리 치료실 수간호원으로 발령이 났다. 신생리는 중앙리와 붙어 있는 마을이었으나 만령당(납골당)이 소재해 있으며 정미소와 목재 재제소가 있어서 중앙리 다음으로 큰 마을이었다. 치료소 주임은 5기생으로 내 1년 선배였고 나는 6기생으로 수간호원이 되었다. 여기에는 서기 1명과 간호보 5명이 근무했는데, 오전 9시부터 오후 5시까지가 근무시간이었다. 주임은 치료실의 모든 일을 대표하며 마을민의 진찰과 간단한 약품투여 및 야간 응급환자까지 맡아보고 있었다. 수간호사인 나는 주임 유고시 업무를 대신하고 의약품 관리와 환자 처치를 총괄했고, DDS, 다이아송 등 본병약을 관리하고 간호부들의 일을 관리했다. 마을 치료소에서는 오전에는 찾아오는 환자들의 상처를 치료해주고 오후에는 중환자들을 찾아가서 순회하면서 상처를 치료해 주었다. 그렇게 하다 보면 각 호실 앞뒤에 과일나무들이 있어서 각자의 몫으로 받은 과일과 혹은 육지에서 면회를 오면서 가져온 음식도 주면서 고맙다는 인사가 많은 정다운 곳이었다."

3 치과근무

"다시 인사이동이 있었다. 의료부는 정기적으로 한 번씩 인사이동이 있는데 그것은 인기 많은 과를 서로 선호해서 순환근무케 하는 정기적인 것이었다. <중략> 내가 치과 수간호로 발령이 났다. 사무국장에게 감사의 인사를 하고다음 날 치과로 출근했다. 치과는 주임과 수간호원인 나, 그리고 여자 간호부 3명이 근무하였다. 처음에 나는 충치만 치료했다. 그러나 유니트가 오래되어 고장이 나서 수동엔진을 발로 밟으면서 돌려가며 충치를 치료해야 했다. 그래서 처음에는 박자도 맞지 않고 엔진 줄이 잘 벗어져 매우 어려웠다. 충치를 보면서 바로 갈으려고 하면 발이 맞지 않아 엔진이 돌지 않았던 것이다. 그래서 근무시간에 외래환자 충치치료, 염증환자 주사 투약 등의 일을 마치면 의치는 늦은 시간까지 작업해야 했다. 나는 배우는 처지였으므로 주임과 같이 늦게까지 의치를 만들고 환자들에게 의치를 끼워주는 것을 보면서 배웠다."[14]

의료조무원 B의 구술서사

1 의료조무원 채용

"내가 1971년 2월에 중학교를 졸업해요. 졸업하고 고등학교를 좀 몇 개월 다니다가 그때 그게 좀 싫증이 나더라고요. 그래서 71년도 여름, 초여름인가에 의료조무원을 시작했어요. 그렇게 가게 된 계기가 당시에는 젊은 사람들을 여기 안에서 조금 쓸만하다 싶으면 여기와서 일 좀 해달라고 책임자가 불러요. 그때 의료부에 사무장을 하시는 분이있었어요. 그 사무장이란 분이 도와달라고 해서 우리 마을에 같이 있었거든요. 처음에는 중앙리 치료실로 들어가서 조금 하다가 신생리 치료실에서 하다가 나중에는 피부과, 안과, 그리고 내과에 오래있었어요. 그때 우리 명칭이 의료조무원인데, 자치회 간부들도 조무원이라고 불렀어요. 다 조무원이지. 1977년에 간호보조원 양성소가 생겨서 보조원이라고 불리는 사람이 생겼는데 이거랑은 다른 거지요. 그거는 학원이고 우리가 한 것은 우리는 정식 공부도 안하고 무조건 채용이 된 거예요 그래서 들어와서 나중에 앞에 선배들에게 하는 것 배우는 거고."

❷ 의료조무원 업무

"의료조무원들은 총 30명 정도 됐어요. 치료실에도 있었고 외래 각 과마다 다 있었고, 내과, 외과, 피부과, 안과, 치과, 이비인후과 거기 들어가서 남이 하는 걸 보고 그냥 배우는 거예요 의사는 그때 거의 없었어요. 한 분 있었던가? 우리는 간호 역할을 했었죠. 주사도 놓고, 의료조무원 내에서 직급은 총책임자가 사무장이고, 직원 관리하에 인사계 소속이었어요. 그 분이 우리 환자 중에는 총책임자죠. 그리고 마을에는 각 과에는 주임이 있었고 그리고 그 밑에 간호가 있고, 남자고 여자고 다 간호예요. 여자도 간혹 한 몇 사람 있었어요. 의료조무원들은 공무원 직원들이랑 같이 오전 9시에 출근했는데 치료실에서 야간에 자는 사람도 있고 그랬죠. 우리는 조금 더 빨리 출근해서 치료 드레싱 준비하고 치료 준비했어요. 저녁에 퇴근하고, 뭐, 월급이라고 할 만한 건 없었고 우리가 술 담배를 안 해서 그랬지, 술값, 담뱃값도 안 됐을 정도로 작은 액수였어요. 한 이천원도 안 됐을 것 같아. 우리는 별로 힘든 일은 안했고 상처 치료도 하고 주사도 놓고 의사선생님들이 거의 없었는데 우리가 진찰해주라고 차트를 병원으로 보내면 처방이 내려와요. 그러면 우리가 달아놓고 맞는 주사, 궁댕이 주사, 혈관주사 다 놓고 그랬어요 우리 일할 때는 간호사도 없었어요 그 전에 의학강습소라는 게 있었는데 거기 출신도 있었는데 치료실에서 몇 사람 같이 있었어요 그런 사람들이 기술도 가르쳐주고 치질, 치질도 약을 조절해가는 거 하는 거 가르쳐주고, 의사가 수가 적은데 이게 치료해야할 대상이 너무 많다 보니까 우리를 쓴 거지. 대형수술은 아니지만 조그만 상처에 매스를 대는 간단한 수술 정도는 했어요 그런 거는 잘해. 상처를 오랫동안 치료해왔으니까 노하우가 있지. 외과에서는 봉합수술도 했고 나는 내과여서 안 했지만. 나는 84년까지 10년 이상 했지. 나는 내과에서만 9년 있었어요."

3 의료보조원의 퇴장

"1977년에 간호보조원양성소가 생기면서 그만두게 됐어요. 정식으로 병원 부설로 생기더라고요 그러면서 자동으로 없어졌죠 쓸 필요가 없어져서. 그 사람들이 이제 우리 할 일을 대신 해버리니까. 우리가 하면은 내과에 있으면서 뭐를 하냐면 맥박체크, 혈압체크 이런 거 다하고 또 체온 재고, 진찰 온 사람들 하루에 30~40명 많게는 한 50명 다 하니까. 더 할 때도 있고 그때는 사람들이 많이 살았으니까. 나는 84년까지 했으니까 간호보조원이랑 같이 일했어요 나중에 같이 하다 보니까 내가 있어서는 안 되겠기에 나온 거예요. 처음에 그 사람들은 주로 손이 딸리는 지역 어디 입원실 같은데 배치를 하니까. 처음에 간호조무사들이 많이 들어오는 게 아니고 1기에 뭐 30명 이렇게 들어오니까. 그래서 나중에는 맨 청소만 시키더라고요. 청소만 해야 되나 그러고 자존심 상하고 그러다가 자동으로 없어졌어요"[7]

광복 이후 국립소록도병원의 전신인 소록도 갱생원은 의료진 부족에 시달렸다. 의료인은 아니었지만 일제강점기하에 일본인 의료진에게 배운 의료기술 등으로 환자들의 수술 등을 담당하였던 일반직원들이 치료의 일정 부분을 담당했다. 환자들의 증언에 따르면 이들은 간단한 절단 수술, 정관, 낙태 수술, 그리고 간단한 치과 치료까지 담당했다고 한다. 의료진들은 진단 및 처방 그리고 연구에 집중하고 실제로 환자들과 접촉하는 것은 이들 '일반직원'이었다는 것이다. 의료인력이 부족하자, 의학강습소를 만들어 당시 소록도 갱생원에 수용되어 있던 환자들에게 의학지식과 임상 기술을 단기간에 교육해, 이들에게 나병* 치료 및 일반 치료까지 담당하도록 하였다. 이들은 소록도 갱생원뿐 아

---

* '나병'이란 용어는 차별을 조장한다고 하여 '한센병'이란 용어로 바뀌게 되었으나, 인용한 문헌이 시대에 따라 '나병'이란 용어를 사용하였고, 문장의 맥락에 따라 이를 혼용하여 사용하였다.

니라 일반 정착촌에서도 차별로 인하여 일반 병원에 가지 못하는 나병 환자들에 대한 치료를 담당하는 의료인력으로 활약하였다[26].

의학강습 수업

소록도병원 역사에서 의학강습소는 반드시 언급해야 하는 독특한 제도이다. 광복 이후 전문적인 훈련을 요하는 의사, 간호사 등 의료전문가의 부족으로 6,000여 명에 달하는 환자들을 적절히 치료하는 데 많은 어려움이 있었고, 소록도 갱생원은 의무과 주관하에 환자들을 의료조수로 활용코자 의학강습소를 개설하게 되었다. 이들은 단순히 의료조수의 역할에 머무르지 않고 이후 소록도 내에서 의료행위의 주요 주체로 활동했다.

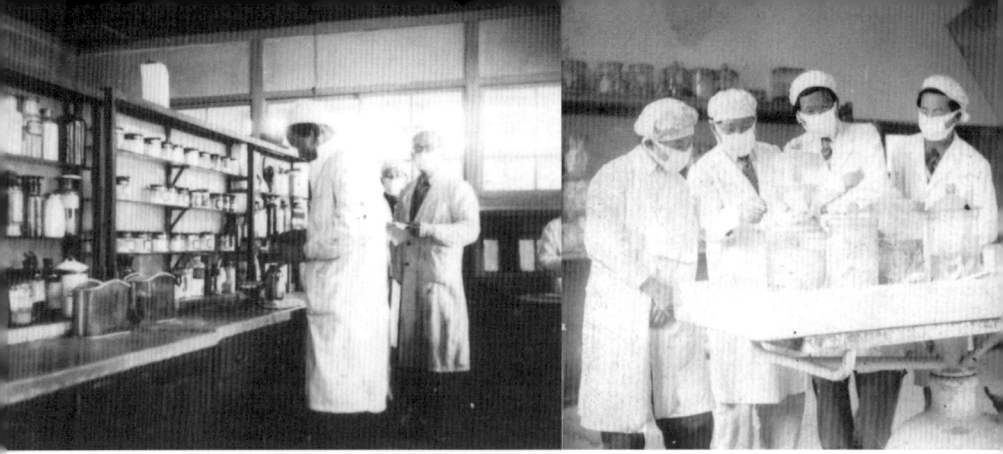

의학강습생 약제실습   의학강습생 해부실습

    소록도 연보에는 1949년부터 의학강습소를 운영하기 시작했다고 기록되어 있으나, 여수 애양병원에 있는 자료에 의하면, 소록도에 의학강습소가 처음 만들어진 시기는 그보다 몇 년 더 앞선 것으로 보인다. 일제강점기 여수 애양원의 원장이었던 월슨 박사는 미 군정기에 나 고문관으로 임명돼 남한으로 돌아와 소록도 갱생원에 머물면서 여수 애양병원의 제도를 소록도에 이식하려 시도했다. 그중 하나가 환자에게 간단한 의료교육을 시켜 실제 나병 치료에 투입하는 제도였다. 식민지 시기 소록도에서 모범적인 환자들을 '간호수' 등으로 활용했는데, 이 경우는 치료를 돕는 역할보다는 환자들을 지도하는 역할이었다. 월슨 박사는 1946년과 1947년 사이의 소록도에서 대학 교육을 받은 일부 환자들을 대상으로 의료교육을 한 것으로 보인다. 그러나 소록도의 공식기록에 따르면 1949년 김상태 원장에 의해 의학강습소라는 이름으로 공식적으로 제도화되었다. 1949년에 설립된 의학강습소는 한국전쟁으로 인해 일시 중단되었다가 1952년 8월 14일에 이르러서야 제

1기생 16명이 졸업하게 되었다. 의학강습소 졸업생들은 소록도 갱생원 뿐 아니라 각 요양소 및 집단부락에 배치되어 나병 환자들의 치료를 담당하는 역할을 하였다. 1950년대 소록도를 방문한 코크레인 박사는 이를 두고 2년간의 훈련을 받은 '나병 의사'라 불리는 사람들이 병원을 정상적으로 되돌리고 의료행위를 하고 있으며, 공무원인 의사들은 상황을 바꿀 수 없어 한쪽으로 비켜서 있다고 지적했다[24].

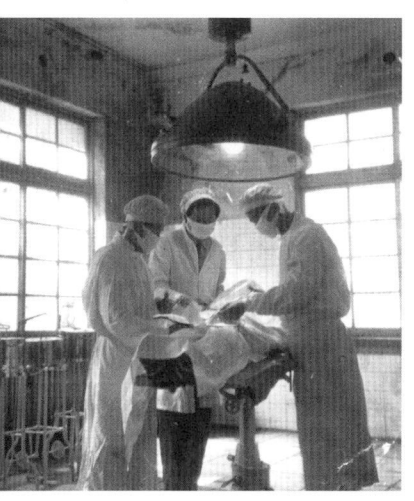

의학강습소 수술

의학강습소에서 이들은 2년간의 의학 교육을 받고 곧바로 현장에 투입되어 임상경험을 쌓게 되는데, 6,000명에 달하는 환자를 매일 돌봐야 했기 때문에 곧 숙련된 의료인력이 될 수 있었다. 실제로 의학강습소를 졸업한 환자들은 피부과, 치과, 내과, 외과 등 임상 각 과에서 주임, 수간호원, 간호보 등의 직책을 맡았다. 이들은 나병 치료뿐만 아니라 사지 절단, 낙태, 맹장 수술 같은 비교적 간단한 수술까지 맡는 등 실제로 보조 의사의 역할을 담당했다. 이런 평가에도 당시 소록도에 근무했던 한 의사의 증언에 의하면, 이들의 의료지식과 기술 수준은 상당히 낮은 것이었고, 이로 인하여 의료사고가 빈번했다고 한다. 60년대 나 학회지의 여러 논문은 의학강습소 출신 의료진들의 비전문성을 나병 치료에 있어 큰 장애물이라고 지적한다[25].

　의학강습소는 보건복지부의 지도하에 전국 각 요양소와 소록도 갱생원에 있는 유능한 환자들을 널리 선발하였다. 환자들의 관점에서 의학강습소에서 의학 교육과 의료기술을 습득하는 것은 미래를 위한 좋은 기회였기 때문에 많은 환자가 의학강습소에 지원했다고 한다. 이에 따라 의학강습소는 입학 시험제도를 두었는데, 지원율이 매우 높았다[26].

병원본관 복도

　이들의 교육은 소록도 갱생원 소속 의사들에 의해 이루어졌으며, 외과 의사였던 정양원 원장은 기구장의 수술기구들을 모두 꺼내어 그 사용법을 의료조무원들에게 자세히 설명하고 기구의 이름들을 외우도록 하는 한편, 수술환자가 있을 때면 학생들에게 수술 과정을 견학시켜 지도하였다. 그러나 증언에 의하면 이후 의학강습소 출신들이 배출되고 실력이 발전함에 따라 실습의 많은 부분은 의학강습소 선배들에게 지도받았다고 한다. 이들은 소록도 갱생원, 나병 환자 정착촌뿐만 아니라 농촌지역 주변 마을 환자들까지 치료하는 경우가 많았고 이러한 과정에서 자신의 의료기술을 사용하여 큰 재산을 모은 경우도 적지 않았다고 한다[25]. 이렇듯 의학강습소는 여러 가지 문제점들을 내포하고 있었는데, 정규 의학 교육 과정을 통해 습득되지 않은 의료지식과 기술에는 한계가 있을 수밖에 없었다.

환자들의 증언에 따르면 의학강습소 출신들이 수술하는 와중에 의료사고가 발생하는 경우가 적지 않았다고 한다. 낙태 등의 수술 중에 죽는 환자들도 발생하였으나 문제 삼지 않았다. 또 6기(1956년 5월부터 1957년 4월까지 수련) 강습생들은 인체 골격 표본을 확보하고자 부검이 끝난 여성 환자의 시체 1구를 표본처리 작업을 하던 중, 중앙리 병사 환자들이 이를 목격하고 항의하자, 작업을 중단하고 사과한 일도 있다[26].

이들은 국가 의료제도가 정비되면서 무면허 의사로 지목되어 사회문제가 되기도 했는데 이를 보도한 신문 기사는 다음과 같다.

"(진주) 부정 의료업자의 단속을 그 어느 때보다도 강화하고 있는 당국의 시책에도 불구하고 계속 돌팔이 등 부정 업자가 난무하고 있는 요즘 음성 나환자마저 이곳저곳을 전전하며 돌팔이 행각을 해 오고 있어 뜻있는 주민들의 빈축을 사고 있다. 진양군 대평면 내촌에 사는 음성 나환자인 정모 씨는 이곳 각 부락을 전전하면서 피부병을 치료해준다고 선전, 돌팔이 행각을 벌여오고 있다. 진양군 보건관리에 위협을 주고 있는 돌팔이 행각을 외면한 채 단속치 않고 있어 많은 주민으로부터 감시업무가 허술하다는 빈축을 사고 있다"*

    1961년 최재위 원장이 부임하면서, 의학강습소의 명칭을 '의료조무원 양성소'로 바꾸면서, 7기를 마지막으로 의학강습소는 사라지게 된다. 이후, 일부 의학강습소 출신들은 임상병리사 등의 국가 자격시험을 통과하여 제도화된 의료인력으로 편입되기도 했다. 이와 별개로 의료조무원 제도는 1980년대 초반까지 지속되었고 일부 의학강습소 출신 의료요원들은 소록도에 남아 계속 의료업무를 담당했다. 앞서 언급된 의학강습소에 대한 자료는, 소록도에 대한 많은 자료들처럼 잘 보존되지 않았다. 1949년 시작되었다가 한국전쟁 이후로 중단되었고 1952년 다시 시작되었다는 것이 중론이다. 1952년부터 1961년까지 의학강습생을 배출했고 문을 닫았지만, 이후에도 의료조무원 양성은 계속되었고 1980년대 초반까지 의료조무원 제도가 지속되었다. 이때까지 일부 의학강습소 출신의 의료요원은 환자의 신분으로 20~30여년간 소록도 의료의 한축을 담당했다. 1976년 소록도에 간호조무사 양성소를 만들어 1978년부터 일반인인 간호조무사를 배출하기 시작했고, 1979년 농어촌등 조건의료를 위한 특별조치법이 제정되며 공중보건의사가 파견되면서 1980년대 초반에 이르러서야 의료조무원 제도는 완전히 사라지게 되었다. 이 또한 대부분의 의료관련 정책처럼 공식기록으로는 존재하지 않는다.

---

* 후생일보 1970.7.10. 나환자가 의료행위; 진양군내 당국에선 외면.

7 소록도의 높이

　소록도의 미래에 대한 고민은 현재 국립 소록도병원 직원과 가족, 그리고 환자와 그 가족들의 가장 큰 관심사이다. 이런 고민은 근래에 대두된 문제가 아니다. 60년대 초반, 재원 환자 수가 6,000명에 육박하였고, 과밀화와 의료진 부족 등의 문제가 대두되어, 자립할 수 있지만 생활 기반이 없는 원생들의 탈시설을 위한다는 명분으로 오마도 간척공사를 병원에서 추진하기도 했으며 이 과정은 소설가 이청준의 『당신들의 천국』[27]이란 책에 담겨있다. 이후 7~80년대를 거치며 치료제의 보급과 더불어 수용 환자 수가 감소하였고 이 시기 이후 부임한 모든 원장의 관심사 역시 향후 지속할 수 있는 소록도의 역할과 모델이었다. 그러니 미래에 대한 고민은 이미 60여 년 전부터 있었다. 이 고민은 구성원의 다양한 의견, 정부 기관 간의 이해관계, 고흥군의 정책, 녹동 주민의 이해관계, 경제성, 역사성 등의 다양한 요소로 인해 뚜렷한 방향이 정립되지 않은 채 반복되고, 역사 유적지, 국립 요양병원 또는 치매 전문 병원 등의 가능성만을 열거하는 정도에 그치고 있다. 최근 들어서는 외부 전문가 집단에 용역사업을 맡겨 소록도 미래에 대한 답안지를 받고자 하는 노력이 있다. 객관성을 담보하는 외부의 시선이 정확할 때도 있다. 하지만 소록도의 역사를 되돌아봤을 때 다양한 구성원에 대한 배려와 동의가 없이 추진된 많은 일들은 이들에게 아픔을 줬던 사건이 되기도 했다.

또 하나는 소록도에 관하여 전문가라는 존재가 어떤 의미인가에 대한 것이다. 독특한 방식으로 우리나라 근대 역사의 굴곡진 흐름에 따라 적응하며, 변화된 보건 환경에 맞춰 변화해온 지역적, 사회적, 의료적 공동체를 소위 외부 전문가들이 얼마나 이해할 수 있을지 확신이 필요한 지점이다.

국립 소록도병원은 국가기관으로서 근대를 거치며 여러 문서와 통계를 생산했다. 전문가들이 참고할 이런 텍스트가 소록도와 소록도를 이루는 공동체를 잘 설명할 수 있을지도 의문이다.

미래에 대한 해답을 줄 순없지만 소록도를 이해하기 위해 주목해야 할 것은 과거 소록도의 삶에 대한 콘텍스트다. 위(역사가, 병원 당국)에서 만들어진 텍스트에 비해, 밑(민중, 환자)에서부터 만들어진 수많은 콘텍스트는 본질에 근접하는 실마리가 되는데, 그중 가장 눈여겨봐야 할 점은 '환자가 환자를 치료하는 병원'이었다는 점이다. 이는 병원의 존재와 가치에 대해 많은 시사점을 준다. 병원이란 "의사(또는 의료진)가 환자를 치료하는 공간"이라는 상식을 다시 생각하게 하는 지점이기 때문이다.

'환자를 치료하는 공간'만으로도 충분한 곳이 병원이라면 그 속에 주어가 되어야 할 의사와 의료진, 그리고 관료라 불리는 병원의 운영진은 이곳에 어떤 존재이며 어떤 역할로 정당성을 획득하려 했는지도 살펴볼 부분이다.

이런 관점을 벗어나 전문 자격없이 환자를 치료했던 환자를 문제시하려는 의도가 없음을 다시 밝힌다. 병원 당국이라 불리는 존재*가 당시 전국적으로 만연한 의료진의 부족을 해결하기 위한 고육지책이었다는 점도 충분히 이해할 수 있다. 하지만 이런 정책의 실행자였던 환자들의 콘텍스트를 살펴보고 문제점을 솔직히 드러냄으로써 지금의 우리가 과거의 (공공)의료정책에서 무엇을 간과했고 무엇에 더 가치를 두어야 했는지 화두를 던지는 일은 충분히 의미 있다. 이런 고민은 지금의 공공의료가 지향할 지점에 충분한 밑거름이 될 수도 있을 것이다. 앞서 말했듯이 이런 내용들을 공식적으로 수집하고 기록하기 시작한 사람이 (심전황이라는) 환자라는 것 또한, 환자가 환자를 치료하는 정책만큼이나 우리나라의 공공보건의료의 본격적인 태동의 과정에 있었던 관료주의 의료의 폐해를 잘 시사하는 지점이다.

---

* 그들이 의사 또는 의료진인지, 행정관료인지에 대한 의문이 있다.

8 소록도의 깊이

 소록도의 삶에 대해 이해하기 위해 인류학적인 관점, 더 구체적으로는 인종지학(ethnography)적 관점이 필요하다. 인종지학이란 개별적인 문화를 체계적으로 연구하는 인류학의 한 분야로서 어떤 사회적 현상에 참여한 사람들의 관점에서 그들의 해석을 바탕으로 그 문화를 이해하려고 하는 것으로 '망탈리테의 역사'로 대표할 수 있다.

 '망탈리테의 역사'란 오랜 기간에 걸쳐 형성된 생활의 태도나 습관이나 사고방식을 가리키는 것으로 무의식의 영역까지 포함한다는 점에서 종래의 지성사와는 다른 개념이다. 기존 문화사의 편견 중 하나는 문화란 궁정이나 사상가의 서재와 같이 '높은' 곳에서 만들어져 '낮은' 곳으로 하달되거나 전달된다는 것이다. 그러나 로버트 단턴은 "밑바닥 수준에서 일하는 사람도 철학자만큼이나 지성적일 수 있다"라는 견지에서 문화가 반드시 '높은' 곳에서만 생산되는 것이 아님을 논증했다.

 관념 자체만을 다루는 역사학의 분야는 사상사나 지성사라는 이름으로 불리고 주로 책이라는 매개체로 여론 형성에 영향을 미친다. 단턴은 주도적인 지식인들에 의해 만들어진 계몽사상의 '고급' 문화가 밑으로 전달한 영향력보다는 밑으로부터 만들어진 영향력이 프랑스 혁명 이전의 사회에서 작용하던 방식을 주로 연구하는데 이런 흐름을 관념의 사회사라고 한다[28].

본 연구는 오랜 기간 고립된 공간에 생존하고 있는 환자들의 내러티브를 발굴하고 정리하여 분석하는 과정을 통해 그간 피상적인 통계와 업적에 매몰된 역사를 벗어나 소록도 고유의 망탈리테를 드러내고자 하는 과정의 산물이다.

앞서 언급한 심전황의 『소록도 반세기』[19]와 『아으, 70년』[20]이란 책에서 시작된 망탈리테 역사로의 여정은 이후 소록도 박물관의 여러 사업들로 이어졌다. 『소록도의 구술 기억』[7][8][9][10][11]이라는 5권 분량의 자료집과 2권의 『100년 구술 사료집』[5][6], 『소록도 80년사』[25], 『'작은 서울' 소록도』[18]라는 제목의 2021년도 소록도 생애사 기록화 사업 자료 덕분에 더 많은 환자의 풍부한 서사를 접할 수 있었다. 이 과정에서 『소록도의 구술 기억』의 서론에서 집필자인 김영희 등이 우려한 바 있듯이, 전해 들은 이야기를 단정적으로 구술하는 과정에서 잘못 알고 있는 부분을 사실처럼 오해하고 거기에 추측과 과장이 더해진 부분도 다수 발견할 수 있었다. 이런 내용에는 단종 수술(정관수술), 낙태 수술, 검시(해부) 등에 관한 심리적 외상을 유발할 만한 이야기가 다수였고, 단정적으로 진술하고 있으나 대부분은 '내가 잘 아는 사람이 봤다더라' 등의 전해 들은 이야기였다는 점을 강조하는 회피의 방어기제를 보이기도 했다. 환자의 기억에 의존하여 진술한 자료의 사실성 등에 대해 독자는, 구술자들이 살아온 환경을 고려하여 해당 내용에 대한 잠재적인 공포와 불안이 반영되고 왜곡될 수 있음을 받아들이는 관용의 태도가 필요하다.

소록도의 역사에서 특이점은 진료기록지나 수술 대장, 검시 보고서 등 다수의 진료기록이 보존되지 않았다는 점인데, 병원이라는 의료기관에서는 보기 힘든 지점이다. 이에 대해서 가능한 추론은 의사나 간호사가 아닌 환자들, 즉 간호주임, 수간호, 담당간호, 간호보조원 등으로 불린 무자격자들에 의해 대부분의 의료가 행해진 탓에 기인한 것이 아닐까 추측한다.

같은 이유로 폐쇄적으로 운영된 의료와 제한된 (의료)정보는 환자들 사이에 권력관계를 만들고, 누군가는 몰래 눈감아주는 방식으로 특혜를 주거나 제한된 인원만 공유하는 정보나 자원을 이용하는 행태와 부조리가 있었음을 다수의 내러티브에서 확인할 수 있었다. 그 과정에서 특혜를 받은 사람은 특혜를 준 사람을 좋은 사람, 또는 좋은 직원으로 기억하고 있었다.

구술 자료집에서 확인한 다수의 구술에서 수술과 주사, 검시 등의 업무를 환자 신분의 의료인력들이 행하였고, 환자들이 말하는 '간호', '의사'란 표현이 이들과 명백히 구분되지 않는 경우를 확인할 수 있었다. 의학강습소 출신 환자들은 주로 외과에서 수술과 상처 치료 등의 업무를 담당했고 일부는 치과에서 기공 등의 업무를 담당했음을 대부분의 구술 서사에서 확인할 수 있다. 내과에서 진찰과 처방을 할 수 있었음에도 의학강습생들이 외과나 치과를 선호하여 수술이나 상처치료 또는 치과치료를 주로 담당했다는 점을 주목할 필요가 있다. 단기 교육을 받은 그들에게 내과는 무리였을 것이라고 가정한다면, 외과 치료는 그들에게 어떻게 쉬운 것으로 받아들여졌을까 하는 의문이 남는다. 의학 교육에서 내과, 외과 두 가지만을 가지고 뭐가 쉽고 어렵다고 말하는 것과 별개로, 외과적인 수술과 상처 처치를 눈으로 보고 따라 하는 것만으로 의학 교육을 받았고 생각할 수 있다. 다수의 의학강습소 출신 환자들의 내러티브에서 '(의료)기술'을 배웠다는 말을 자주 발견할 수 있는데, '실습했다', '이렇게 보여줬다' 등의 문장과 함께 '그럴 때 끊어(amputation)내야만 돼'라는 단정적인 문장을 종종 사용[8][9]했는데, 의학적으로 전문적인 고려 없이 흉내 내는 것을 치료라 확신한 건 아닌가 하는 의문이 들었다. 얕은 의학지식으로 수술에 대한 학문적 근거 없이 누군가의 행위를 따라 하면서 이를 일반화시켜 의료를 행하고 있다고 믿었을 것이고 그 행위의 피해자들은 동료 환자였다는 추측은 큰 아쉬움을 불러일으킨다. 이런 믿음들이 현재까지 지속되는 환자들의 그릇된 신념에 일조했을 것이라 추측한다.

의사 인력이 부족했고, 공무원 신분인 의사들의 역량이 부족했으며 잦은 인사이동으로 오래 근무하지 못하여 환자들의 사정을 제대로 파악하지 못했고, 그런 이유와 나병에 대한 그릇된 인식으로 환자의 치료에 적극적이지 못하였음도 확인하였다. 의사면허를 가진 원장들은 의료보다는 건설이나 부식, 환자 주거에 관한 일 등 관리자로서의 업무에 치중했으며 주 업무여야 할 의료분야에 대해서는 수혜자여야 할 환자에게 실행자의 역할을 맡긴 바 크다. 병원으로부터 일정 급료를 받으며 의료업무를 하였던 환자이자 직원이면서 의료인이었던 조무원들에 대해 그들의 공과(功過)를 양지로 끌어내어 냉철히 들여다보는 일은 현재까지도 영향을 끼치고 있는 소록도의 독특한 의료문화를 이해할 수 있는 계기가 될 것이다.

여기에 더해, 환자의 서사는 주관적일 수밖에 없고 자기방어적일 수밖에 없다는 것을 직접 체험하였기에 구술자의 진술에 거리를 두어 존중하되 전적으로 의존하지 말고 그들이 말하고자 하는바(기의*)를 그들의 이야기(기표**)에서 헤아려 이해해야 할 것이다. 피해자였기에 피해에 민감하고, 물질적으로 무언가를 제공한 사람을 좋은 사람이라 쉽게 판단하는 경향을 소록도의 여러 구술 자료집을 통해 관찰할 수 있었다. 이런 문화는 지금까지도 많은 영향을 끼치고 있다.

---

* 시그니피에를 말한다. 기의는 개념이다. 기표를 듣거나 보았을 때 떠오르는 이미지 또는 생각을 시그니피에 또는 기의라 부른다.

** 시그니피앙을 말한다. 기표는 기호이다. 전달하고자 하는 이미지나 생각을 드러내는 도구로서의 문자, 또는 기호를 기표 또는 시그니피앙이라 부른다.

9 또 다른 감염병의 도래와 소통

 또 다른 감염병 코로나19가 유행했고 소록도는 다시 한번 격리를 겪었다. 2020년부터 시작한 코로나19 감염병의 유행은 현재까지도 소록도에 많은 영향을 미치고 있다. 21년부터 22년을 거치며 불거진 위기의 원인이 감염병이라는 사실만으로도 소록도 사람들의 공포는 다른 사람들과 결을 달리한다. 기본적으로 감염병의 일차적 방역은 마스크 착용과 철저한 격리가 바탕이므로, 얼굴을 가리고 격리라는 통제를 다시 경험하는 것이 소록도 환자들에게는 과거 한센병 발병시 겪은 정신적 외상을 재현할 수 있으리라 추측한다. 이는 코로나19 유행 초기의 진료 과정에서도 충분히 목격되었다.

 감염과 전염은 소록도 사람들에게 실제보다 과장된 공포를 심어줬다. 많은 수의 환자와 직원들이 코로나19 감염과 이로 인한 합병증으로 힘든 시간을 보냈고, 면역력이 저하된 일부 환자가 직접 또는 간접적인 합병증으로 사망한 일도 있었다. 격리와 통제, 백신접종 등에 과

할정도로 매우 협조적인 모습에서 이들의 공포를 엿볼 수 있었다. 이들의 과한 반응을 보며, 과거의 의료와 마찬가지로 오늘날의 공공의료 역시 감염병이란 질병만이 대상일 뿐, 질병을 겪는 환자(의 심리)에 대한 고려는 여전히 소홀한 것 같았다.

초기의 한센병처럼 미지의 감염병에 직면했을 때 느끼는 공포는 가공할 힘을 지닌다. 질병에 대한 정보의 공유와 과거보다 발전된 현대의학이 있었기에 일정 부분 혼란이 있었음에도 이번 감염병 사태는 비교적 원만하게 이겨냈다고 생각한다.

2021년 겨울, 소록도병원 원내에 코로나19 환자가 발생하기 시작하였고, 감염의 전파를 막기 위해 외래 진료를 일주일간 중단한 바 있다. 격리와 통제는 감염의 전파를 막는 가장 효과적인 방법이지만, 이는 질병에 대한 대응이지 사람에 대한 대응으로 볼 수 없었다.

외래 진료를 중단했던 그 일주일 동안 필자와 외래 간호사가 방호복을 입고 매일 다른 마을 치료실을 찾아 진료와 상처 치료를 했던 바 있는데, 그 이유는 진료와 치료가 절박했다기보다 마을 환자들이 격리당함(소외)을 느끼지 않도록, '의사가 당신들 가까이 있다'는 것을 보여주고 싶었기 때문이었다. (치료병동)입원실의 면역력이 저하된 환자는 완벽한 격리가 필요하다 하더라도, 그에 비해 비교적 건강한 (생활병동)마을의 환자들이 감염병 때문에 의사와 진료에 접근할 수 없다면 의료가 사람을 포기하고 질병과 싸우겠다는 의미가 될 수 있다고 생각했다. 건물 밖에 아무도 돌아다니지 않는 적막한 마을들을 지나면서, 이곳이 예전과 다른 소록도 병원이었으면 하는 마음이었다.

그 일을 계기로 진료를 신뢰하지 않고 마을 치료실에서만 상처 치료를 받던 일부 환자들이 외과 외래를 정기적으로 방문하여 치료받기 시작했고 질병과 상처뿐만 아니라, 사람과 그 마음도 살펴야 한다는 신념을 다시 확인하는 계기가 되었다. 상처 치료 과정 중에는 항상 묻고 답하고, 설명하는 수다쟁이가 되는 일이 상처 치료보다 더욱 중요한 일이 될 수밖에 없었고 그게 이번 내러티브 탐구로 이어졌다.

소록도가 빛날 수 있었던 것은 이곳을 다녀간 수많은 자원봉사자의 역할이 크다. 이제 대한민국의 누구나 아는 마리안느, 마가렛 간호사와 반드루겐 브룩, 그리고 얼마 전 국민훈장을 받은 샤를 나베뿐 아니라 다양한 분야의 많은 사람이 다녀갔다. 그들 뿐 아니라 여러 종교 단체와 사회단체, 그리고 수많은 개인이 지금까지 조용히 자원봉사 활동을 이어오고 있다.

소록도가 세상과 소통하는 방법은 환자들이 밖으로 나가거나, 자원봉사자들이 소록도 안으로 들어오는 방법일 것이다. 환자라는 처지를 고려한다면 밖에서 자신의 존재를 알리며 활동하기란 쉽지 않을 것이고, 현실적으로 세상과 소통하는 유일한 길은 자원봉사자들과의 유대뿐이다. 이들은 한센인에 가장 우호적이며, 적극적으로 다가온 사람들이기에 소록도 환자들의 우군이 되어 고립과 차별에서 세상 밖으로, 사회와의 유대로 이끌어 줄 것이다.

이들에게 자원봉사의 경험은 한센인이라는 이름의 약자의 삶을 공유하며 공감하고 자신을 성찰하는 계기가 될 수 있다. 씩씩하게 살아가는 소록도 환자의 삶을 보며 깨닫고 얻게되는 감사의 마음은 행복의 의미를 일깨울 수 있고 그런 점에서 자원봉사를 통한 세상과의 소통은 환자와 자원봉사자 모두에게 어느 하나 이롭지 않은 면이 없다.

10 마치며

　지금까지 소록도 환자들의 내러티브 탐구를 통해 그들의 망탈리테를 들여다보았다. 심전황의 『소록도 반세기』에서, 국립 소록도병원에서 발간한 소록도 구술 자료집, 환자들의 수필과 문학작품을 통해 환자가 환자를 치료하는 의료문화와 당시 상황, 그리고 현재까지 유효한 정서와 그 배경, 역사적 맥락을 살펴보았고, 이에 관한 의미와 제언을 첨언하는 방식으로 분석하였다.

　민간 의료의 영역에서 일해온 필자가 공무원 의사로서 소록도에 들어와 내부에서 접하게 된 소록도의 삶은 분명 외부에서 들여다본 것과 다른 면이 많았다. 외부인으로 아름다운 자연의 풍광과 환자와의 가벼운 인사, 직원들 간의 친절한 안부를 넘어서자 소록도는 조금씩 낯선 모습으로 다가왔다. 이곳의 많은 내러티브를 듣고 그 속의 사건을 경험하면서 소록도는 그만큼 친근해지고 또 그만큼 낯선 모습이다. '낯설다'는 평범한 표현 안에는 생경한 서사와 납득할 수 없는, 그러므로 노력해야만 공감할 수 있는 감정, 애틋한 안타까움이 섞여 있다. 친근하다는 의미 안에는 연약한 존재로서의 인간과 그러면서도 버텨내는 숭고한 인간다움이 공존하여 필자에 공명(共鳴)함이 들어있다. 그런 취지에서 필자는 소록도의 경계에서, 너무 가깝거나, 너무 멀지 않은 태도로 소록도를 말하고자 하였고 소소한 제언을 주제넘게 덧붙였다.

'소록도'라는 한 단어 속에는 수많은 깊고, 높은 삶이 들어있다는 것을 이번 연구를 통해 다시 확인하는 계기가 되었다.

참고문헌

- [1] Kim Jae-hyung. A Study on the Isolation System, Stigma, and Discrimination of Hansen's [Doctorate].[Seoul(Korea)]: Seoul National University; 2019.
- [2] Noh Sang-geun. Phenomenological Study on Hansen Settlements [Doctorate]. [Chungchengnam-do(Korea)]: Hanseo University; 2017.
- [3] An Jina. A comparative study on the Korean and Japanese Hansen's disease novels. Asian Cultural Research (acsi) 2021;55(7):163-190.
- [4] Yu Yang-ji, Kim Gap-sook. Art-based narrative exploration of the life of the elderly who have lived as spouses of leprosy patients. Korean Journal of art therapy 2021;28(6):1389-1412.
- [5] Jeong Geunsik. Another Hometown, Our landscape. Sorokdo National Hospital; 2011.
- [6] Jeong Geun-sik. A Journey to Freedom, a Step into The World. Sorokdo National Hospital; 2011.
- [7] Kim Young-hee. Oral History of Sorokdo I. Sorokdo National Hospital; 2019.
- [8] Kim Young-hee, Hwang Eun-ju. Oral History of Sorokdo II. Sorokdo National Hospital; 2019.
- [9] Kim Young-hee. Oral History of Sorokdo III. Sorokdo National Hospital; 2019.
- [10] Kim Young-hee, Hwang Eun-ju, Seo Kyung-min, etc. Oral History of Sorokdo IV. Sorokdo National Hospital; 2020.
- [11] Kim Young-hee, Hwang Eun-ju, Kim Si-yeon, etc. Oral History of Sorokdo V. Sorokdo National Hospital; 2020.
- [12] Kang Chang-seok. Sorok-do Where I Live. Seoul: Book Publishing Seorabyeol Literature; 2009.
- [13] Kang Chang-seok. The Sacrifice of Mom. Seoul: Book Publishing Seorabeol Literature; 2016.
- [14] Kang Seon-bong. Sorokdo, A Trip to Humble Heaven. Seoul: KIATS; 2012.
- [15] Kang Seon-bong. Love of Goksan Indongcho. Seoul:KIATS; 2016.
- [16] Cho Chang-won. 'Nairong' is My Way. Seoul: Myungkyung; 1998.
- [17] Kim Doo Young. The Ripen Grape. Seoul: Korean Church Foundation for Roots; 1992.
- [18] Park Chan-mo, Jung Mi-kyung and Choi Yoon-kyung. Sorokdo, the "Little Seoul."

Sorokdo National Hospital; 2021.
- [19] Shim Jen-hwang. Half a Century of Sorokdo. Gwangju: Chonnam Ilbo Press Office; 1979.
- [20] Shim Jen-hwang. Oh, 70 Years. Seoul: East; 1993.
- [21] D. Jean Clandinin, F. Michael Connelly. Exploring narratives. Translated by So Kyung-hee, Kang Hyun-suk, and Cho Deok-ju. Paju: History of Educational Science; 2007.
- [22] Yoon Jung-mo. And I heard a shout. Seoul: History of Practical Literature; 1986.
- [23] Lee Ki-seop. Dr. Toffle, The Happiness Giver. Seoul: Good Seeds; 2023.
- [24] R.G. Cochrane. Leprosy in Korea. Leprosy Review. 1956;27(1):19-28.
- [25] Sorokdo, 80 Years of History. Sorokdo National Hospital; 1996.
- [26] Sorokdo 100 Years, Leprosy and Human, 100 years of Reflection. Medical Edition. Sorokdo National Hospital; 2017.
- [27] Lee Chung-joon. Your heaven. Seoul: History of literature and intelligence; 2012.
- [28] Robert Danton. Cat Carnage, Other Stories in French Cultural History. Second Edition. Translated by Cho Hanwook. Seoul: a history of literature and intelligence; 2023.

요약

 출간된 소록도 환자들의 내러티브 탐구를 통해 그들의 망탈리테를 들여다보았다. 심전황의 『소록도 반세기』, 국립 소록도병원에서 발간한 소록도 구술자료집, 환자들의 수필과 소설, 외부 관찰자들이 소록도를 소재로 쓴 문학작품들을 통해 의료영역에서 현재까지 유효한 정서와 그 배경, 역사적 맥락을 살펴보았고, 이에 관한 의미와 제언을 첨언하는 방식으로 분석하였다.

 정부에서 초청한 다미안 재단의 대표로 소록도에서 1967년부터 5년간 근무한 벨기에 성형외과 의사, 반드루겐 부룩의 진술을 비롯해, 1979년 소록도의 역사를 처음 집대성한 심전황 환자의 글을 통해 당시의 의료와 관련된 내러티브들을 살펴볼 수 있었고, '의료조무원제도'와 '의학강습소'라는 제도가 소록도에 끼친 영향 등을 탐구하였다.

 이를 토대로 '소록도'라는 한 단어 속에는 수많은 깊고, 높은 삶이 들어있다는 것을 이번 연구를 통해 다시 확인하는 계기가 되었다.

5장

공공의료라는 동상*

* 이청준의 소설 [당신들의 천국]에 사용되는 핵심어로써, 소설 속 의미를 빌렸다.

1  공공의료와 임기제 공무원

(전남일보 기고. 2022. 8. 18.)

'공공의료 vs 민간 의료'

이런 분류를 반대한다. 용어의 범람, 즉 표기의 범람은 의미를 모호하게 하여, 선동으로 이끈다고 믿기 때문이다. 그럼에도 의미를 파악하기 위해 범람하는 표기에 접근하려 한다. 사회적 문제에 접근하는 가장 효과적인 방법은 돈의 흐름, 즉 자원의 흐름을 쫓는 것이다. "돈 앞에 인간처럼 나약한 것은 없으니까요!"라는 드라마 속 대사처럼, 사람 대 사람, 집단 대 집단의 이해관계 중 돈은 가장 강력한 요소임을 부정할 사람은 없을 것이다. 이런 방식으로 이 둘을 비교한다면, 민간 의료와 공공의료의 차이는 명백해진다. 민간병원에서는 수익이 고객인 환자(건강보험을 통하더라도 이는 결국 환자의 보험료에서 기인한다)에게서 발생하며, 특히 고수익을 발생시키는 진료과가 병원의 간판(핵심)이 되고 이를 지원하는 진료 및 원무 지원 부서가 이를 보좌하는 시스템이 형성되어 있다.

반면 공공의료는 정부예산을 활용하며, 군 병역을 대신하는 공중보건의사를 필수 의료자원으로 활용한다. 공중보건의사는 보건당국 입장에서는 아주 가성비 좋은 인력 자원이다. 의료를 지원하기보다 관리하는 방향으로 정부의 정책이 자리 잡은 배경에는 분단국가라는 환경과 급속한 근대화라는 배경에 기인한, '공중보건의사 제도'라는 특수한 시스템의 영향이 크다. 이러한 인식은 공공의료 시스템 전반에 스며들어 있다. 공공의료기관의 기획운영과 또는 서무과는 배정받은 정부 예산의 용처와 사용을 결정하며, 이를 통해 진료과뿐만 아니라 병원 전체를 관리할 수 있는 권한을 가진다. 역학적 관점에서 진료과의 수요를 평가하고, 설비와 장비, 진료과 운영에 필요한 인력 관리까지 기획운영(서무)과의 행정(보건)직 공무원이 맡음으로써, 민간병원의 경영자 위치를 이들이 행사하게 된다. 공공의료기관에서 환자를 대면하는 진료과는 현장부서, 민원 부서의 역할을 담당하며, 이를 수행하는 의료인은 시스템의 말단에 머물게 된다.

진료를 지원하는 것과 관리하는 것은 개념의 차이가 아니고 역학의 차이다. 이것이 공공의료와 민간 의료의 가장 큰 구조적 특징이며 이들이 작동하는 방식이다.

이 둘 사이, 풀어 말하자면, 공공의료에 민간 의료의 개념이 조금 들어간 기관이 있는데, 책임운영기관으로 운영되는 공공 의료원과 공공 병원이다. 공공의료기관의 상당수는 책임운영기관이다. 공공의료가 정부예산을 소모하는 기관이기에, 자체적으로 수익을 창출하는 구조가 필요했고, 이를 위해서는 민간의료기관의 역할을 일부 수행해 이를 만회하는 개념으로 발전된 공공병원의 한 형태이다.

태생적으로 이런 배경의 공공의료기관은 흑자를 내기 어려울 수밖에 없음에도, 매년 감사에서 지적되는 내용이 지방 또는 공공 의료원의 만성 적자이며, 코로나가 발발하기 전에는 이를 이유로 폐쇄나 축소를 주장하기도 했다. 그러나 경우, 3~4년이 지난 지금은 지방의 공공의료기관의 인력이 부족함을 이유로 공공의대를 신설하자는 주장이 대두되고 있다.

책임운영기관인 공공의료기관의 장은 임기제로 운영되며, 이들의 재임용은 흑자나 적자 규모 등은 사업의 성과와 더불어 중요한 판단 요소이다. 기관의 책임자뿐만 아니라, 보건 분야 공무원 의사가 주로 임기제로 고용된다. 이들이 공중보건의사와 더불어 공공의료의 핵심 인력이다. 공공의료기관에서 일하는 대부분의 의사는 정규직 공무원에 의해 고용된 임기제 직원이라 할 수 있다. 그리고 이들의 재임용 여부는 정규직 공무원이 결정한다. 이런 이유로 임기제 기술직 공무원인 의료인의 업무 방향과 전문가적 견해는 정규직 공무원들에게 무력하며, 행정직 공무원에게 도움을 요청(호소)하며 그들의 결재를 기다려야 하는 업무구조가 형성된다. 공중보건의사 또한 임기제 공무원 의사의 다른 버전일 뿐이다.

그러므로, 공공의료를 담당하는 의사는, 사실 없다.

공공의료를 담당하는 것은 ('의료를 관리한다'는 관료적 인식을 갖는) 행정직 공무원이며, 계약직과 병역 보충역 의사를 관리(실제 복무 태도를 관리한다)하여, 그들에게 일정 업무를 하청주는 것이라고 보는 것이 옳다.

그리하여 최근 감염병으로 업무가 늘어남을 이유로 공공의대라는 인력공급처를 만들려는 것이 공공의대의 본질이다. 불과 수년 전까지만 해도 적자를 이유로 공공(지방) 의료원을 폐쇄하고 통폐합하고자 했던 일들을 생각해 보면 이 또한 납득하기 어렵다. 기사를 검색해 보면, 최근까지도 이런 이슈가 대한민국의 다른 구석에서는 계속 진행 중이다. 공공의대를 당장 만든다고 결정해도(학교 용지를 정하고 건물을 짓고 교수 인력을 충원하는 기간을 제외하더라도,) 의사면허를 받기 위한 교육에만 6년이 걸리는 일이다.

(다른 정치적인 요소를 제거한다면,) 경력직 공무원을 뽑아 바로 현장에 활용하는 것이 합리적이다. 민간 인력 시장의 경우 계약직, 저임금을 조건으로 걸어 지원자가 없다면, 구인난에 처한 회사는 당연히 이 조건을 바꿀 생각을 먼저 할 것이다. 계약직이 아닌 정규직으로만 전환해도 부족한 공공의료 인력은 어느 정도 즉각 충원할 수 있다고 본다. 신분의 보장이란 공무원의 권리는 행정직만이 아닌 기술직 공무원에게 부여하는 일이 그리 어려운 일일까?

지자체를 포함해 국가에 필요한 의무직 공무원 수요를 파악해, 인사혁신처에서 통합적으로 의무직 경력경쟁채용을 실시하고, 일련의 공무원화 과정을 거쳐 지자체나 질병청 등의 부서에 배치하는 방법이 더 현실적이다. 물론 이를 지원하는 의사들은 평균적인 공무원 지원자보다 나이가 많겠지만, 임상의사의 경력을 그만큼 갖고 있을 것이므로 이런 점을 고려하여 정년의 60세가 아닌 사립대학 수준의 65세 정도까지 늘려도 좋을 것이다.

정부가 타성에 젖어 공중보건의사라는 특수한 제도를 이용하는 관료적 인식에 머물러 있기만 바란다면, 보건정책의 연속성은 사라질 것이며, 같은 이유로 정치적으로 즉흥적인 정책만 계속 남발하지 않을까 싶다.

또 한 가지, 코로나 시기에 현장 업무를 담당했던 역학조사관의 상당수는 현재 업무매뉴얼만을 남기고 사라졌다. 이들 또한 단기 임기제 공무원이었기 때문이다. 또 다른 감염병 위기가 온다면, 과거와 같은 혼란이 다시는 없을 거라고 확신할 수 있을까?

2. 정치방역, 심평의학 그리고 관료적 의료

(전남일보 기고. 2022. 8. 25.)

보건복지 분야 공무원의 '관료적 인식'에 대한 명확한 설명이 필요하다. 이를 위해 2020년 3월 30일자 박도준 전 국립보건연구원장의 신동아 인터뷰 기사를 인용하고자 한다. 이 기사의 제목 하단에 제시된 개요만 보더라도 그의 의도가 명확히 드러난다.

- 박도준 前국립보건연구원장의 복지부 작심 비판
- 전문성 무시 정치권·복지부가 질본 망쳐
- 비전문가 관료들이 감염병 대응 센터장 꿰차
- 질본 본부장이 직접 브리핑하는 코미디 상황
- 질본은 복지부 인사적체 해소 자리…廳 승격하면 뭐하나
- 정부 내 질본 위상? "별 볼일 없는 조직"
- 교민에게 방 배정해 주러 출동한 바이러스 전문가들
- 계약직 역학조사관, 3년 뒤 질본 떠나
- 사이언티스트 없이는 감염병과의 전쟁 못 이긴다

(2020.3.30. 신동아)

질병본부의 센터장 등의 주요 요직은 보건복지부 고위공무원단 행정직 공무원의 인사적체 해소를 위한 보직이며, 비전문가가 3년짜리 계약직 전문가(역학조사관 등)를 채용하여, 이들의 업무 배치 등의 인사권을 이들이 행사하고 있음을 지적하고 있다. 과학방역이란 이번 정부의 구호는 여기에서 기인한 듯하다. 이는 보건복지부와 질병청의 고위직에만 해당되는 이야기가 아니고, 지자체의 일선 보건소까지 만연해 있고, 이런 현실이 사고를 지배하기에 관료적 인식이라 표현했다.

관료(공무원)가 의료 현장을 지휘하고 통제하는 것은, 정치인이 전투를 지휘하고, 돌격을 명령하는 것과 같다. 우리는 그 폐해를 소록도의 역사에서 이미 목격하였다.

의사 출신 고위 공무원도 있지만 극소수이고, 이들 대부분은 임상경험이 부족하며, 진료와 무관한 의료관리학 또는 예방의학 전공자인 경우가 많다. 실제 환자와 대면하고 진료하는 '환자 중심, 근거 중심'의 임상 의학은 공공의료에서 소외되고 있다.(결핵병원, 정신병원 등의 공공의료기관엔 그나마 결핵과, 흉부외과, 정신건강의학과 전문의가 있지만, 이들 대부분의 업무는 의료를 기능직처럼 수행하는 것이며, 원장을 비롯한 다수는 임기제 공무원이다)

보건소와 보건지소는 공중보건의사가 복무한다는 사실을 (공중보건의사제도 도입 취지가 그러하므로) 차치하더라도, 보건소장직은 의사 출신을 우선 고용하도록 지역보건법 시행령이 규정하고 있음에도 지자체에서는 2년을 임기로 하는 개방형 임기제 공무원으로 뽑거나, 지원자가 없음을 이유로 보건직 공무원의 승진 자리로 전락한 지 오래다. (지자체로

갈수록 보건직 경력 공무원의 인사 적체가 심하다)

공공의료는 정치적일 수밖에 없다. '정치방역'이란 말이 회자되는데, 공공의료의 본질이 정치 의료임을 고려할 때, 여기서 행하는 방역 정책 또한 당연히 정치적일 수밖에 없다는 점을 부정할 수는 없다. 환자 중심, 근거 중심의 의료가 아니고 관치 의료, 정치 의료라는 정체성을 가진 의료(방역)체계에 과학을 오롯이 기대하는 것은 무리이다. 이는 비단 공공의료뿐 아니다. 민간 의료의 영역에도 자연과학의 영역이 아닌, 통계에 기반한 '심평의학'이 주를 이루고 있다. 기초과학연구와 임상 연구에 기반하기보다 건강보험 심사평가원의 삭감 기준에 기반한 의학이 의료를 지배하고 있음을 비꼰 단어가 '심평의학'이다. 이와 같은 관료주의적 의료시스템이 민간 영역에까지 부정적 영향을 확대하고 있으며, 당연히 (민간) 의사의 저항을 받고 있다.

전염병이란 자연현상을 정치적으로 대응하는 것은 어찌 보면 모순일 수 있다. 자연현상을 연구하는 자연과학에 기대어 인류의 지식이 확장해 왔고, 인체에 위해를 주는 감염병 또한 과학에 기대어 현상을 파악하고 분석하여 해결법을 찾는 것이 명약관화하다. 이런 사고의 연속 선상에서 과학방역이냐, 정치방역이냐의 논란이 이는 듯하다. 감염병과 같은 자연현상은 정확한 예측이 어렵기에 딱 맞는 예방, 또는 대응이란 것은 불가능하다. 따라서 과잉 대응과 부실 대응의 논란은 필연적일 수밖에 없다. '과잉 대응을 택할 것인가, 부실 대응을 택할 것인가'

의 선택은 민간 의료의 영역에서는 개인의 자기 결정권을 비교적 존중 받기 쉽다. 하지만 공공의료의 영역에서는 일반화된 공공정책을 만들어 대응해야 하기에 이를 희생해야 할 순간이 있다. 보수적인 관점으로 소수의 희생을 감수하더라도 다수의 이익을 위해 과잉 대응하는 편을 택하는 것이 옳다고 판단할 수 있다. 그러나, 성공한 과잉 대응의 효과는 눈에 보이지 않고, 그 피해는 쉽게 드러나기에, 시간이 조금만 지나더라도 이를 지속하기 어려운 상황에 직면할 수밖에 없다. 따라서 정책 입안자는 불필요한 강제 조치에 반대하는 시민들과 부실한 대응을 비판하는 시민들 사이에서 어떤 선택을 할 것인지, 딜레마에 놓이게 된다. 이러한 딜레마가 정치적 방역의 본질이라 할 수 있다.

3 감시와 처벌, 방역과 통제

(전남일보 기고. 2022. 9. 1.)

 정보의 독점이 권력을 만든다. 정보는 비대칭만으로도 거기서 소외된 사람을 지배할 힘을 갖는다. 그래서 민주적이라는 말, 공공성이라는 이념은 개방성이 전제되어야 한다. 이런 관점에서 의료라는 행위를 이해하기 위해 그 행위가 일어나는 현장, 즉 병원의 구조를 들여다볼 필요가 있다. 좀 다른 이야기인 것 같지만, 병원과 가장 유사한 구조를 사회에서 찾는다면, 유감스럽게도 그건 바로 감옥이라고 할 수 있다.

 20세기 프랑스 철학자 미셸 푸코는 [감시와 처벌]이라는 책을 통해 18세기 후반부터 감옥이란 도구를 활용하여 권력이 어떻게 사람을 통제하고 효율적으로 지배해 왔는지 설명하고 있는데, 여기서 우리는 의료의 특수한 성질을 이해할 수 있다. 감옥의 구조 자체도, 지배(감시) 계층은 볼(알) 수 있지만, 피지배 계층은 볼(알) 수 없도록 육각형 모양의 수용실 배치나 높은 위치의 감시탑 등의 설계가 바탕이 된다. 이는 현대의 병동 구조와 무척이나 닮아있다. 의료는 기본적으로 감옥과 같은 시스템이 작용하고 있다. 감시와 통제는 죄수와 마찬가지로 입원환자에게 적용되며, 노역(징역)이나 고립(금고, 구금)이라는 형벌이 치료라는 행위로 대체되는 것만 다를 뿐이다. 그런데 문제는 또, 있다. 치료에도 형벌과 비슷한 요소가 있다는 점이다. 치료과정에서 고통을 받기도 하고, 수술이란 형태로 상해를 입기도 하며, 때로는 중환자 시설에 신체가 구속되어 고립이 일어나기도 한다. 그리고 이를 행하는 자는 간수가 아니라 의사 또는 의료인이고, 감염병의 유행 같은 재난 상황의 경우 정부가 된다.

이를 생각할 때, 의료에서 권력을 가진 자는 의사일 것이고, 환자는 치료라는 처벌을 받는다고 여겨지기 쉽지만, 사실 환자에게 질병이란 처벌을 가한 절대권력은 자연이다. 너무도 당연한 이 사실은, 당연하기에 간과되기 쉽다. 한편으로, 환자가 느끼는 공포와 두려움은 질병에 의한 것이지만, 이는 누군가가 알려준 질병에 대한 정보에 기반한 것으로 제한되어 있으며, 받아들이는 상황 역시 심리적으로 취약해져 정보의 제공자를 공포의 대상으로 여기는 경우가 흔하다. 결국, 환자가 실제 목격하고 체험하는 공포는 병원이라는 치료 공간과 이를 행하는 의료인에 대한 것이며, 체화된 경험을 진실로 받아들이고 이를 일반화하여 한 개인의 신념으로 굳어진다.

'내가 겪어봐서 안다.'는 말처럼 겪어본 하나의 경험은 다양한 변수와 환경에도 불구하고, 맞거나 틀린 두 가지 결론 중 하나에 도달하게 된다. 그리고 이런 경험이 반복될수록 신념은 확고해진다. 그것은 보이지 않는 질병보다 보이는 병원과 의사, 그리고 치료 과정이라는 실체에 투영되어 더 강력한 힘을 발휘한다.

(치료를 실행하는 의사 또는 의료기관뿐 아니라,) 전염병에 대응하는 국가나 방역 당국에 대한 비이성적인 맹종과 불신은, 이를 생각한다면 어쩌면 필연적이다. 이는 상당히 위험할 수 있는데, 불신의 경우뿐만 아니라 맹신의 경우에도 환자는 이를테면 인질범(의사나 방역당국)에 잡힌 인질(환자나 피감염자) 같은 존재가 될 수 있다. 이런 경우라면, 인질범에 동화되는 현상(스톡홀름 증후군)처럼 의사-환자 관계가 왜곡되는 경우도 생각해 볼 수 있는데, 이런 맹종은 도리어 불신보다 위험하다.

감염병의 위기에 처한 국민은 이렇듯 혼란스러울 수밖에 없다. 그런 이유로 이에 따른 대응 역시 혼란스러울 수 있다. 부실 대응 또는 과잉 대응에 대한 논란이다.

의료는 개인적인 체험으로 인해 각 개인이 겪은 의료 경험이 일반적인 예와 다르게 인식되는 경우가 많다. 여러 가지 이유로 인해 일반화하기 어려운 측면이 존재한다.

① 인과관계가 명확한 사례도 있으나, 실제 임상 현장에서는 그와 같은 경우가 훨씬 드물고, 원인을 끝까지 알지 못하는 경우도 많다.
② 예방이 가능한 경우가 있을지라도, 그것이 예방의 결과인지 확신하기 어렵다.
③ 예방과 치료가 적절했더라도 질병의 발병이나 악화를 막지 못하는 경우가 빈번하다. 그 반대의 경우도 마찬가지이다.
④ 질병은 자연 재난처럼 갑작스럽게 발생하는 경우가 많으며, 특히 감염병의 경우가 그러하다. 대부분의 질병은 평소와 똑같은 생활을 지

속하는 가운데 예기치 않게 발현되기 때문에, 개인의 행위나 환경만을 탓하는 것은 무의미하다.
⑤ 유전적 또는 환경적 요인으로 인해 질병 발생 위험이 높아질 수 있으나, 이는 확률일 뿐이며 발병한 개인에게는 그 확률이 의미가 없다.
⑥ 모든 질병은 전형적인 특성만을 나타내지 않으며, 복합적이고 다중적이며 때때로 비전형적인 양상이 나타난다. 특히 초기 단계에서는 더욱 그러하다. 질병의 진행 단계에 따라 변화하는 증상으로 인해 오진이 발생할 수 있으며, 객관적인 증상만을 기반으로 진단하는 의사 관점에서 초기에 해당 환자를 만난다면 오진은 생각보다 빈번하게 발생할 수 있으며, 혼란스러운 응급상황이나, 빠르게 진행되는 질병에서는 더욱 그러하다.

공공의료는 평상시 예방을 주력으로 하는 경우가 많으므로 이에 대한 연구가 주를 이룬다. 공공의료에 종사하는 예방의학과 의사들이 많은 이유다. 그럼에도 질병이란 자연현상은 정확한 예측이 불가능하다. 딱 맞는 '맞춤형 예방'과 '선제적 대응'이란 요행에 더 가깝다. 그래서, 결과를 확인한 이후에야 과잉 대응과 부실 대응이란 논란이 나올 수 있다. 그리고 항상 나왔다. 과잉을 택할 것인가, 부실을 택할 것인가, 그 중간의 어딘가를 택하더라도 비난의 화살은 피할 수 없다. 민간의 영역에서는 개인의 자기 결정권에 기대어 면책을 기대해 볼 수도 있지만, 공공의료 영역에서, 특히나 방역 정책을 만들어야 하는 상황에서는 그 선택이 쉽지 않다. 과잉에 가까운 대책이 그나마 나을 듯하지만, 대응의 효과는 눈에 잘 드러나지 않고, 그로 인한 통제와 개입은 사람들의 불만을 유발하기 쉽다. 부실에 가까운 쪽에는 당연히 책임이란 무거운 화살이 따른다. 공무원에겐 피하고 싶은 상황이다.

환자에게 질병에 대한 올바른 정보를 제공하는 것은 그래서 중요하다. 앞서, 정보의 비대칭이 권력으로 작용하기 때문에 공공성은 곧 개방성이라 말한 것도 이와 상통한다. 공포가 병원과 의사에 대한 것이 아니라, 질병에 대한 것일 때 의료는 작동하기 때문이다. 여기에 필요한 것이 질병이라는 사실과 자연과학이라는 진실이다. 과학적인 의료라는 것, 즉 과학방역이라는 것은 이에 대한 것이어야 한다.

코로나 대응 초기, 사실에 기반한 브리핑이 많은 국민의 신뢰를 얻었고, 이런 신뢰가 질병에 효과적으로 대응하는 가장 큰 원동력이 되었다는 사실에 '정치방역 vs 과학방역' 논란을 종식할 열쇠가 있다고 생각한다.

백신과 감염병에 대한 부작용과 이에 대한 온갖 루머는 필연적일 수밖에 없다. 공포라는 것의 본질이, 알지 못하는 것에 대한 것이고, 우리는 아직 한 번도 겪어보지 못한 감염병을 겪고 있는 것이기 때문이다. 과학은 이성의 산물이지만 인간은 감정의 동물이기 때문에 과학에만 기대어 공포에 빠진 인간을 설득할 수만은 없다.

이에 대응하는 행동은 당연히 정치적일 수밖에 없지만, 이에 대응하는 태도는 과학적이어야 하는 이유다.

따라서 '정치방역 vs 과학방역'의 논란 또한 의미 없는 용어의 범람이며, 이런 표기의 범람이 방역의 의미를 모호하게 하여, 선동으로 이끌지 않았으면 한다.

공중보건의사와 공공의료기관

　병역 보충역의 취지는 현역 복무가 어려운 신체 등급 4급 이하 또는 특정 자격(의사, 변호사 등)을 가진 사람이 대체복무를 이행하도록 고안된 제도이다. 현역은 18개월, 사회복무요원은 21개월, 예술, 체육요원은 34개월, 공중보건의사는 36개월 동안 복무한다. 1978년에 도입된 공중보건의사 제도는 의과, 치과, 한의과로 구분되고 2023년 기준 3,185명이 복무 중이다. 주로 농어촌 의료 취약지역에서 근무하도록 도입되었다. 도입 초기에는 장교로 의무 복무하는 군의관과 함께 의사면허를 보유하면서 받는 특혜로 여겨졌고, 당사자들에게는 군의관보다 공중보건의사가 더 선호되기도 했다. 도입 초기에는 의료인력이 부족하던 시기였고, 특히 농어촌의 의료 취약지역이 많았기 때문에 이를 해결하기 위한 훌륭한 대책이 되었다. 담당교수의 지도를 받는 수련의를 끝내고, 공중보건의사로서 처음부터 끝까지 오롯이 환자의 건강을 책임지는 진짜 의사가 되어가는 과정이기도 했다. 수많은 환자를 경험했지만, 대학

병원이란 거대한 조직과 시설, 장비를 벗어나 자신만을 바라보는 환자를 혼자 감당해야 하는 경험은 수련만큼이나 의미 있는 시간이었다.

그러나 시간이 흐르면서 상황이 변화하였다. 대부분 읍 및 면 단위에 의원이 존재하게 되었다. "지역에 병원이 없다"라는 표현은 사실 "필요한 전문과가 없다"는 의미로 해석될 수 있다. "소아과가 없다"거나 "산부인과가 없다", "수술할 병원이 없다"는 말은 있어도 "읍내에 의원이 없다"라는 말은 듣기 어렵다. 대부분 읍내 의원들 주변에는 보건지소가 있다. 공중보건의사는 읍내 의원과 경쟁을 하기도 한다.

시골에 병원이 없는 게 아니라 환자가 없는 것이다. 시골(지역)에 의사가 없어서 젊은 사람들이 떠난다는 말은 그래서 전후 맥락이 바뀌어 있다. 환자가 없어서, 그러니까 아이들이 없어서 소아과가 없고, 가임기 여성들이 없어서 산부인과가 없고, 급성 외상 환자보다 만성, 노인성 질환이 많아 수술 가능한 병원보다 노인 질환을 보는 의원만 남은 것이다. 2~3년 근무하면 떠나는 공중보건의사는 지속적인 추적관찰이 필요한 만성기 노인 질환에 적합하지 않다. 그들은 상관의 지시에 따르는 군인 의사처럼, 보건직 공무원의 지시에 따르는 기술인(임기제 기술직 공무원)의 역할이 부여되는 경우가 많다. 2~30년 경력의 보건직 공무원들은 그들의 활약을 상황에 맞게 잘 포장하고 홍보하는 일에 능통하다.

의사면허를 가진 젊은이들에게 공중보건의사 제도는 더 이상 특혜가 아니다. 현역보다 배가 넘는 의무복무 기간 때문이다. '병역'이라는 국민의 의무를 빌어, 쉽게 의사를 사용(이용)했던 정부는 이제 다른 방안을 마련해야 하는 상황에 이르렀고, 그 대안이 바로, 공공의대이다. 하지만 공공의대만으로는 안된다. 공공의료라는 영역부터 재정립해야 한다. 어느 부분까지 민간에 맡기고, 어느 부분부터 정부가 담당할 것인지 먼저, 결정해야 한다. 정부는 이미, 전 국민 의료보험제도와 건강보험 심사평가원이란 제도를 통해 민간 의료를 관리하고 있다. 공공의료가 민간 의료와 경쟁하는 것은 자본주의와 사회주의가 경쟁하는 것만큼이나 의미 없는 일이다.

공공의대의 도입과 함께, 의대를 거쳐 인턴, 레지던트(수련의), 펠로우(전임의)로 이어지는 "전문의 제도"에 대한 일정 부분 개선이 요구된다. 공공의대가 설립되어 공공의사가 나온다고 해도 어린아이가 없는 지역에 소아과가 생기고, 가임 여성이 없는 지역에 산부인과가 생길 리 만무하다. 노인만 많은 지역에 외상 외과나 응급실이 정상적으로 운영될 가능성도 없다. 어쩌다 오는 환자를 위해, 의사와 간호사, 임상병리사, 방사선사, 원무과 직원, 심사실 직원, 청소 직원 등을 고용하고, 식당과 편의시설을 운영한다는 것은 지속 가능하지 않다. 어쩌다 발생할 화재를 대비해 소방서를, 어쩌다 발생한 사건, 사고를 위해 경찰서를 유지하는 것과는 또 다른 문제이다. 심지어 이들은 국가직(지방직) 공무원이고, 전적으로 정부 예산으로 운영된다. 인력도 병원에 비해 많지 않다.

공공병원과 지방의료원은 여러 부처와 지역에 걸쳐 분포되어 있어 통합 및 조정의 필요성이 커 보인다. 미시적인 관점에서는 인력을 확충하기에 앞서 기존 인력을 효율적으로 배분하고 조정하는 것이 우선이며, 부족한 분야의 인력을 선택적으로 보충하는 방향이 바람직하다. 공공병원과 공공의료원의 운영이 환자보다 직원 중심으로 이루어진다는 것은 널리 알려진 사실이다. 공공병원에 내원한 환자는 진료가 맘에 들지 않으면 분명한 다른 선택지가 있다. 민간 병원이다. 이윤을 위해서로 경쟁하며 환자라는 고객에 맞춰 계속 변화하는 민간 병원이 근처에 있다. 정년과 급여가 보장되어, 매일 수십 년간 한곳에 출근하는 공공병원의 직원에겐, 가끔 맘에 들지 않은 민원인만 잘 넘기면, 너무 좋은 근무 환경일 수밖에 없겠지만, 저렴한 비용만으로 경쟁하는 공공병원을 선택하는 환자는 적을 수밖에 없다. 여기에 임기제 신분의 의사가 하려고 하는 일(진료)은 직원(공무원)의 승인과 협조가 필요하여, 애초의 의도와 달리 변질되고 조정되기 쉽다. 이로 인한 (의료)책임은 의사에게로 향하는 구조적 문제도 있다. 결정과 책임, 지식과 행위가 일치하지 않는 구조에서 누구도 나설 수 없는 시스템이다. 또, 1~2년마다 보직이 바뀌는 순환보직 제도 역시, 직무의 숙련도를 떨어뜨리는 요인이다. 업무 담당자와 부서장이 바뀌면, 업무의 연속성은 떨어질 수밖에 없다. 책임지는 사람도, 장기적인 계획의 추진도 어려울 수밖에 없는 구조다.

　공공 의사가 늘어나더라도, 임기제 의사가 그 주류를 이룬다면 현재의 문제는 오히려 악화할 것이다. 따라서, 공공의대를 만들어 지역의사 제도를 도입한다면, 당연히 현재의 보건직 공무원들이 누리는 정년 보장이라는 공무원 직업안정의 권리도 같이 제공해야만 한다.

거시적으로, 정부의 부처마다 공공병원을 운영하는 현재 상황은 전혀 효율적이지 않다. 교육부가 국립대 병원을 관리하는 것은 그렇다손 치더라도 국가 보훈부의 보훈병원, 행안부의 경찰병원과 소방병원, 서울시와 각 지자체의 공공병원과 의료원들, 노동부의 산재병원과 의료원, 질병관리청의 국립 결핵병원, 보건복지부의 국립 정신병원과 국립의료원 등 산재한 공공병원과 의료원을 일원화까지는 아니더라도 효율적으로 관리할 필요가 있다. 의료 기술직, 간호직을 비롯한 보건직 공무원의 정원도, 효율적으로 관리할 필요가 있다. 이들의 근무 연차 분포는 균일하지 않다. 주로 계약직으로 채워지는 의무직 공무원(의사)과 달리 수십 년 동안 장기로 근무하기도 하며, 구성원들의 노동조합은 조직에 큰 영향을 행사한다. 조직의 수장을 의사가 맡는다 해도, 2~3년 임기의 계약직 신분이다. 이들의 임용 또는 재임용 시기마다 특정인에 대한 노동조합의 반대 성명과 시위를 보는 것은 드문 일이 아니다. 이런 점들도 공공의료기관이 민간병원과 경쟁할 수 없는 이유다. 보건소와 보건지소는 진료 업무에서 벗어나 예방, 건강증진 및 복지 분야에 집중할 필요가 있다. 공중보건의사를 지역의 읍내 의원들과 경쟁시키는 일은 정말, 의미 없다.

공무원 의사와 의사 공무원

A 환자가 존재한다. 그는 복부 통증을 호소하며 소화제를 요청한다. 의사는 소화제를 처방하고, 환자는 약국에서 이를 수령한 뒤 신속한 진료에 대한 만족감을 표하며 집으로 돌아간다. 다음 날, 환자는 이전과 동일한 증세로 병원을 재방문하고 더욱 강력한 소화제를 요구한다. 이에 의사는 추가로 다른 소화제를 처방한다. 환자는 대기 환자가 많은 옆 병원을 바라보며 다시 한번 신속한 진료에 만족해하며 돌아갔다. 여기까지는 참 좋은 의사 같다. 하지만, 환자는 다시 병원을 찾지 않았다. 심근경색으로 사망했기 때문이다. 의사는 증상에 대응하는 것이 아니라, 증상과 병력을 주의 깊게 청취하고, 이를 토대로 필요한 진단과 치료라는 진료를 해야 한다. 그는 증상에 대응했다. 환자의 요구에 즉각 응했고 환자는 이에 만족한다. 만족도는 높지만, 이게 양질의 의료가 아니라는 것은 분명하다. 단지, 의사만 이 사실을 알고 있을 뿐이다. 양심있는 의사라면 달라는 대로 약을 주는 대신, 수고를 무릅쓰고 진료를

해야 했다. 달라는 것을 주는 것. 이는 의사가 아니라, 공무원이 민원에 대응하는 것과 정확히 같은 방식이다.

B 환자가 있다. 그는 두통을 호소하며 진통제를 요구한다. 의사는 지속적인 두통의 원인에 대한 검사를 제안하였으나, 환자는 돈만 밝히는 병원을 나와, 약국에서 진통제를 구입한다. 두통이 사라진다. 역시 큰일 날 뻔했다고, 병원은 가는 게 아니고, 내 몸은 내가 지켜야 한다고 생각한다. 며칠 뒤 머리가 또 아프다. 더 많은 진통제를 먹는다. 다시 괜찮아진다. 머리가 아픈 것쯤은 간단한 질환이어서 병원까지 갈 필요가 없다. 시간 낭비라고 확신한다. 이후, 더 강한 진통제를 먹고, 재발하고, 다음 어느날엔 구토가 일고 눈이 흐릿해져 큰 병원의 응급실을 찾는다. 영상 검사에서 뇌종양이 발견되었는데, 이미 진행되어 수술이 어렵다. 양심있는 축에 속한 것이 분명한 의사는 진단(진료)하려고 했으나, 돈만 밝히는 의사로 평판과 자존심에 상처받아 더 위축된 진료를 이어간다. 결국 의사로서도, 병원의 경영자로서도 실패했다. 환자는 죽고 소문만 그를 따라다닌다. 지나치게 단순화하고 일반화 했지만, 위 일화들은 현장에서 흔한 일이다.

상황(증상)에 즉각 대응하는 공무원의 업무와 달리, 의사는 증상(상황)에 대응하는 것이 아니라, 증상을 근거로 원인을 찾아 진단하고, 그 진단에 따라 의학계에 공인된 치료를 시행하는 직업이다. 그 과정이 돈만 밝히게 보일 수 있고, 또 일부는 실제로 그럴 수도 있다. 의사라는 존재가 부도덕해 보이기 쉽고, 고지식하며 답답해 보일 수 있으나, 입장을 바꿔 환자를 바라보면, 그들도 비슷한 모습을 하고 있다. 건강보험공단과 심평원은 이들의 간극이 가까워지길 바라지 않는 것 같다. 환자의 증상에 대응하는 일을 대증치료라고 한다. 가망이 없는 환자에게 치료가 아닌 증상에 맞게 상황을 모면하는 연명치료와 같은 개념이다. 즉각적인 상황 대응이 공무원의 일이라면, 의사의 일과는 상당히 다른 개념이다.

'공공 의사'라는 존재. 절대 어울릴 것 같지 않은 두 역할(의사와 공무원)이 합쳐질 수 있을까. 정확히 50:50의 조합은 존재하지 않는다. 결국, 의사 공무원과 공무원 의사로 존재하게 될 것 같다.

의사였던 사람이 진료를 그만두고 이와 관련된 보건의료 행정을 업으로 하는 경우 의사 공무원, 진료라는 의사의 직을 수행하면서 정부의 의료기관에서 일하는 사람을 공무원 의사라고 부르지만, 사실 이건 당사자들조차 모르는 정의이다.

2021년, 필자는 20여 년간의 개업 의사 생활을 정리하고 의사에서 공무원 의사로 전환했다. 3억을 줘도 온다는 의사가 없다는 신문 기사에 기대가 컸지만, 그 삼분의 일 정도의 급여를 받고 있다. 이를 위해, 서류심사와 2시간의 압박 면접, 하루 종일 치러지는 "역량평가"라는 상황테스트를 거쳐, 겨우(?) 공무원이 되었다. 직접 경험이므로 사실이 명확하나, 이것이 일반적이라고는 말할 수 없다. 다른 이의 급여와 상황을 정확히는 알지 못하기 때문이다. 필자의 경험을 공유하여 농어촌

지역 공공의료기관이 항상 부족하다고 하는 의사가 되는 과정을 공유하는 차원일 뿐이다. 새로운 시선으로 공무원 세계에 들어가는 경험 정도의 의미로만 이해했으면 한다.

공무원은 위계를 바탕으로 한 조직 문화를 특징으로 하는(보수적이란 말이다) 직역으로 큰 실수만 없으면 정년이 보장된다는, 직업으로서의 가장 큰 장점을 갖고 있다. 공무원이 되는 방법은 일반적으로 공개채용 절차를 통해 이루어지며, 경력경쟁 채용은 특수한 경력과 경험을 갖춘 인재를 선발하는, 이른바 특채라는 방식으로 진행한다. 이는 민간 부문의 경력직 채용과 유사한 형태이다. 이와 비견되는 제도로는 개방형 인재 채용이 있다. 정부 기관의 직무 중 약 30%를 개방형 직위로 설정하고, 민간인과 공무원을 대상으로 직위를 공모하여 인재를 채용하는 방식이다. 이러한 과정은 인사혁신처라는 기관이 주관하고 있으며, 공모 및 심사 등 전형을 통해 과거의 폐쇄적 오명을 불식하고 공직사회의 변화를 이끌고 있다. 필자 역시 경력경쟁 채용 절차를 통해 기술서기관에 지원하였으며, 면접과 공무원 역량평가 과정을 경험하였다. 그 경험을 나누고자 한다.

공무원 역량평가 과정은 문제 인식, 전략적사고, 성과지향, 변화관리, 고객 만족, 조정과 통합이라는 6개 분야의 역량을 4가지 세부 평가 방법으로 측정한다. 각 평가 방법은 다음과 같다.

① 1:1 **역할수행** – 현안에 대한 기자의 인터뷰를 준비하기 위해 30분의

준비시간과 30분의 평가시간이 주어진다.
② **1:2 역할수행** – 정책에 대한 찬반 대립 및 부처/부서 간 이해관계 조정을 다루며, 준비시간 30분, 평가시간 30분이 주어진다.
③ **서류함 기법** – 여러 현안 과제의 해결 방안을 마련한 후 질의응답이 이루어지며, 준비시간 50분, 평가시간 30분이 주어진다.
④ **집단토론** – 사업 선정, 예산감축 등 쟁점 사항의 합의 및 조정을 다루며, 준비시간 40분, 평가시간 50분이 주어진다.

대부분의 평가에서 요구되는, 이른바 '역량'은 신문 기사나 보고서 등의 자료를 신속하게 분석하여 상황과 문제점을 식별하고, 이에 적합한 대책을 마련하며, 향후 계획을 수립하고 그 계획의 실행 방안 및 평가 방안을 제시하는 것을 포함한다. 일을 잘 수행한다는 것은 이러한 능력을 뛰어나게 갖추고 있음을 의미하며, 동시에 이론적으로도 타당한 것으로 여겨진다. 그러나 평가 도구의 특성을 고려할 때 우려되는 부분이 존재한다. 현장의 상황과 관계자들의 이해관계에 대한 심층적인 조사와 파악 없이 요약된 자료를 바탕으로 급히 대책을 마련하는 것만으로 공무원의 역량으로 평가되는 것이 올바른가는 의문이다. 신속한 대처가 필요한 경우도 있지만, 일단 수립된 정책이 시민들에게 오랜 기간 영향을 미친다는 점에서 관계와 환경을 깊이 있고 넓게 살펴보아야 한다. 이는 문학작품을 요약한 것을 읽고 그 작품을 이해했다고 주장하는 것과 유사한 논리이다. 작품 속 인물과 공감할 수 없는 상태에서 정의되지 않은 미묘한 관계를 단정짓는 것은 문학에 대한 본질적 이해를 방해한다. 이렇게 급조된 정책과 대책은 2024년 '의대 정원 2,000명'으로 대표되는 의료계 사태와 같이, 본질적인 문제를 빗겨갈 가능성이 높다. 급조된 정책을 보완하기 위한 후속 대책들도 문제가 많았다.

최근에는 영화나 드라마도 유튜브 요약본으로 소비되는 시대이며, "악마는 디테일에 있다"는 표현이 이를 잘 나타낸다. 생략된 부분은 다른 결과를 초래할 수 있으며, 이는 제작자가 아닌 편집자의 의도에 의해 해석될 여지가 있다. TV 예능 프로그램에서는 상황을 자막으로 서술하며, 슬픈 상황과 당황스러운 상황을 출연자의 행동이 아닌 자막을 통해 시청자에게 전달하는 방식을 사용한다. 이러한 친절(선동)이 바람직한가에 대한 의문도 있다.

공공에 영향을 미치는 정책을 수립해야 하는 공무원이 신문기사, 기획안, 보고서 형태의 요약본에 의존하여 문제를 단순히 판단하는 것은 바람직하지 않다고 생각된다. 공무원 역량평가를 경험한 이후, 그동안 명확히 이해하지 못했던 몇 가지 현상에 대한 이해하는 계기가 되었다.

개업 의사로 활동하던 시절, 전국 어느 곳의 병의원에서 어떤 사고가 발생했다는 뉴스가 보도되면, 몇 달 후에는 의무교육을 이수해야 하며, 이를 이행하지 않을 경우 과태료가 부과된다는 공문이 등기로 배송되곤 했다. 또한 자율 점검표 작성과 보관이 요구되며, 현장 점검 시 작성이 부실할 경우 과태료를 부과하겠다는 보건소 공문이 뒤따랐다. 이러한 공문은 해마다 계속 증가하였고, 결과적으로 의사이자 경영자로서 이수해야 하는 의무교육의 숫자는 한 해 수십 개를 넘어 계속 늘어나고 있다. 평생동안 한 직역으로 현장에서 일하는 사람에게 2~3년씩 책상에 앉아 순환근무하는 공무원이, 실제 raw data를 학습해 Big data를 몸에 새긴 실전 전문가에게 가공된 통계에 의존해 주입식 학습을 한 공무원이 제대로 된 통제하기 위해 무엇이 필요한지 깊은 고민이 필요하다. 과태료, 언론 플레이, 보건소 현장조사와 형사고발과 같은 실효성 없는 강압적 방식이 정답이 아니라는 것은 이번 의료사태로 확실히 증명됐으니까 말이다.

6 민주주의 사회 속의 공공(사회주의) 의료

연초마다 신문의 한편을 장식하는 기사 문구는 보건소장 또는 의료원장이 공석이며, 의사 지원자가 없다는 내용이다. 지역보건법 제12조에서는 보건소장에 의사를 임용하도록 규정하고 있으며, 부득이한 경우에는 5년 이상의 경력을 지닌 보건 직렬 공무원을 임용할 수 있도록 하고 있다. 일각에서는 보건소장의 업무가 행정업무가 주를 일기 때문에 공무원을 임용할 수 있도록 바꿔야 하며, 이를 인사 적체 해결의 한 방안으로 보는 시선도 있다.

의사는 왜 보건소장에 지원하지 않는 것일까? 이것이 이유가 되어 공공의대 설립의 주장이 제기되고 있으며, 지역에서는 이를 유치하기 위해 필사의 경쟁을 펼치고 있다. 과연 공무원을 보건소장에 임용하도록 하고, 공공의대를 설립하면 모든 문제가 해결될 수 있을까?

의사로서 느껴본 행정가(관료)들의 시선은 그들의 의도대로 모든 주체를 움직일 수 있으며, 이에 더해, 각 주체 간에 갈등 없이 원만한 해결책이 나오길 기대한다는 것이다. 각각의 이해 단체 간에 이견과 민원이 없는 방안이 가장 좋은 해결 방안이며, 그 차선은 가장 많은 이해 단체가 원하는 해결 방안이 가장 좋은 선택이라는 것이다. 어찌 보면 민주주의의 근간인 다수결의 원칙이 적용되는 것일지도 모른다. 하지만 의료의 영역에서는 다수결이 적용되지 않는다. 환자를 치료하는 일은 모두가 만족하는 방법으로, 또는 환자들이 원하는 방식만으로 할 수는 없다. 환자에게 꼭 필요한 일을 위험을 무릅쓰고 해야 하는 것이며, 이때의 위험은 환자와 의사가 모두 감당해야 한다. 그러기 위해서 의료진은 경제적 가치로 바꿀 수 없는 시간과 노력이라는 수고를 기꺼이 소모하고, 환자는 고통과 끝이 보이지 않는 치료의 길을 버텨낸다.

이걸 가지고 병원 밖의 사람들(그들은 잠재적인 의사보다, 잠재적인 환자일 수밖에 없다)이 너(의사)는 직업이 그러니 당연히 인내하고, 위험을 받아들여 마땅하다고, 원치 않으면 직업(의사)을 그만두라고 다수결로 결정할 수는 없다.

어떤 감염병도 다수결로 치료법을 결정하고 많은 사람이 원한다고 박멸되지 않으며, 민주적으로 치료되지 않는다.

질병은 비윤리적이며 반인권적이다. 그것이 질병의 정체성이다. 논리의 비약 같지만, 의료는 이런 부조리에 대응하는 과정에서 시작된다. 환자가 잘못해서 질병이 걸리는 것이 아니고, 완치되지 않는 것이 의사의 잘못 때문은 아니다. 그럼에도 건강과 생명은 한 개인에게는 유일무이한 것이어서 어떤 재화로도 교환 불가한 대상이기 때문에 이에 대한 기대는 존재할 수밖에 없다.

그러니 그 문제가 개인적인 것이 되었을 때는, 희망이 조금이라도 보이는 곳에 과도한 집착을 하는 것은 인간으로서 당연한 반응이며, 사회는 이런 인간들이 모여 사는 곳이다.

의료를 단순히 직역 간의 공평한 분배의 문제로 보는 것은 지나치게 단순한 시선으로 지극히 복잡한 문제를 바라보는 것이다. 의사가 없으니, 의사를 늘리면 된다는 발상처럼 말이다.

농어촌처럼 소외지역에 의사가 없는 이유를 먼저 고려해 보자. 첫째 공중보건의사가 지속적으로 줄어들고 있다. 이 또한 의대를 의학전문 대학원으로 바꿨던 이전 정부의 시책이 만들어낸 결과이다. 6년제 학부 과정의 의대를 4년제 의학전문 대학원으로 만들어 4년제 일반대학을 졸업한 학사 학위자로 하여금 다시 4년 과정의 의학 전문대학원에 입학하여 8년간 공부하도록 했는지는 당시 여러 가지 이유가 있었지만, 지금은 잘 기억되지 않는다. 실패했기 때문이다. 의대 지원자가 많아 유능한 학생들이 자연 계열에 지원하지 않고 재수를 거듭하는 폐해와 의대 과정만 공부하고 졸업한 의사들의 좁은 식견이 당시 언론지상에 언급되었던 기억이 있다. 결과적으로 그 제도가 시행되자, 서울과 수도권 연고의 대학 졸업자들이 지방의 의학전문 대학원에 입학해 4년 동안 공부하고 졸업하여, 다시 자신들의 연고지인 수도권의 종합병원으로 수련을 받으러 돌아가는 바람에, 오히려 지역의 대학병원에 지원하는 전공의가 부족해지는 미달 사태가 매년 반복되었다. 또, 의학전문 대학원 입학 전 4년간의 일반학부 과정에서 남학생들은 원래가 군대를 현역으로 다녀오는 경우가 많은 이유로 의사면허를 받고서야 병역을 이행하는 공중보건의사와 군의관이 부족해졌다. 한 번의 잘못된 결정이 4년 뒤, 다시 그로부터 5년(인턴 1년, 전공의 4년의 수련 과정) 뒤의 혼란을 초래하는 것이다.

그때 그 정책을 밀어붙인 사람들을 지금은 아무도 기억하지 않는다. 당시는 그것이 모든 이해관계자를 만족시키고, 올바른 정책이라 믿었겠지만, 아니었다. 다시, 공공의대를 만들자는 이야기가 모든 이해관계자를 만족시키고 국민의 대다수가 올바른 정책이라 믿고 있다. 자녀를 의대에 보내고자 하는 부모와 의사가 되는 길이 조금이라도 넓어지면 이에 응시할 학생들, 공공의대를 유치하는 업적을 이루고자 하는 지자체, 의사 인력을 확보하려는 정부, 그 외 누구라도 공급이 늘면 좋지 않겠냐는 것이 일반인의 생각이다. 의사가 늘어나면 더 쉽고 더 좋은, 더 많은 서비스가 제공될 것으로 생각한다. 하지만, 이렇게 배출된 의사들이 미용과 같은 비급여 진료에 몰려 과열되는 현상을 발생하고, 지나친 상업화로 이어져 수많은 부작용을 일으킨다면 어떨까? 그렇지 않게 적절한 대책을 세우면 된다고 말한다. 하지만 지금도, 유령 의사의 대리 수술, 무자격자의 대리 수술 등이 뉴스에 오르내리고 있다. 의료가 공공재라고 말하지만, 의원은 철저한 개인 사업체다. 임대료와 직원 급여, 장비 리스료와 물품 대금과 각종 세금을 내지 못하면 부도가 나는,

식당, 미용실과 같은 구조의 서비스 사업이다.

전 국민 강제 의료보험제도를 핑계로 정부가 보험료를 지급하고 있으니, 공공재라고 말하는 것은 억지다. 강제된 보험은 정부가 사업자고 정부가 심사하여 정부가 지급한다. 보험 가입자가 청구하지도 않는 보험료를 사업자가 대신 보험사에 청구하고, 심사받고 삭감당한다. 민간 시장에서는 원래 보험 가입자인 환자(국민)가 청구하고 심사받고, 삭감당하는 게 당연한 일이다. 이를 대가 없이 의사(사업주)에게 떠넘기고, 공공재라고 부르는 것은 부당하다. 경제적 이윤을 보장받지 못하고, 의료행위가 사법적 판단의 대상이 되는 의료 환경에서, 필수 의료영역의 의사는 틈새인 비급여 시장으로 유출되고 손해를 감수해야 하는 의료 환경의 공백이 더 확대되었다. 그런데 도리어, 확대된 의료 공백 상황을 의사의 수를 늘려야 한다는 논리와 PA(의료 보조 인력)의 영역을 넓혀주어야 한다는 근거로 쓰고 있다. 원인에 대한 고민 없이 결과만을 보고 그에 대한 일차원적인 대응이 대책이 될 수 있을까. 근본적으로 필수 의료를 전공한 의사가 자신의 전공 분야에 종사하지 않는 것이 문제이고, 그들이 자신의 자리로 돌아갈 수 있도록 유인책을 내놓으면 될 것이다. 이미 수련된 훌륭한 인력을 제자리에 있도록 하면 되는 일을 왜, 새롭게 의대생을 더 뽑아 6년간 교육하고, 5년간 수련을 시켜, 11년 뒤에나 나올 인력을 보충하겠다고 지금 말하는 것인지 이해할 수 없다. 이번 코로나 사태로 당면한 공공의료의 중요성을 말하면서, 11년 뒤에나 (의사가 배출되는) 효과가 나올 의대생 증원이나 공공의대 설립을 대안으로 얘기하는 것일까. 정치적인 이유 말고는 다른 이유를 찾을 수 없다.

이미 수련받아 자격을 갖춘 의사를 공공의료에 투입하면, 그 효과는 바로 나올 수 있다. 방법을 찾을 생각은 하지 않고, 의사들에게 많은 연봉을 준다고 공고해도 지원자가 없다는 말만 반복한다. 휴가를 내서, 해외로, 오지로 의료 자원봉사를 다니는 의사들은 왜 무료로 자원봉사는 하면서, 공공의료는 수억 원을 준다고 해도 지원하지 않는 것인지, 이상하지 않은가? 사람들은 돈만 얘기한다. 그 돈을 줘도 안 온다고만 말한다. 공고를 내는 공무원은 그들이 제안한 수억 원보다, 의사가 민간에서 일할 때 더 벌기 때문에 지원자가 없다고 말한다. 그게 돈만 밝히는 의사 때문이고, 환자를 생각하지 않는 의사 때문이라는 함의를 내포한다. 하지만, 사실은 돈이 전부가 아니라는 것이다.

이제 막 의업에 투신한 젊은 의사들과 달리, 의료계에서 오래 일한 사람 중에는 제2의 인생을 시작하고 싶은 사람도 있다고 가정해 볼 필요가 있다. 특히, 필자와 같은 외과계 의사는 노안도 오고, 특정 자세로 오래 일하면 오는 고질적인 직업병을 하나씩은 가질 수밖에 없는 상황이 많다. 이런 경우라면, 자신의 지식과 경험을 이용해 신체에 무리가 없는 선에서 (장시간 수술과 같은) 노동이 아닌 (진료) 업무를 보는 것도 나쁜 선택은 아니다. 여기서 급여와 같은 문제는 그다지 중요하게 작용하지 않을 수 있다. 하지만 장벽이 존재한다.

지금 공모하는 보건소장 직위는 대부분 2년제 임기제이며 대부분의 공공의료에 필요한 의사들도 마찬가지다. 의사들이 현재의 직장을 그만두고 임시직을 하러 나올 이유가 없다. 의료영역은 환자 관리의 연속성이 중요하다. 특히 외과 영역에서 2년이란 공백기는 다시 원직장으로 복귀하기 어려운 환경이 만들어진다. 내과 의사도 본인이 관리하는 만성 환자군이 사라지면, 이를 복원하기에 다시 수년의 시간이 걸린다. 의료는 하루가 다르게 발전하고 변화하는 영역이라, 이외 다른 변수와 체계가 자리 잡아 다시 돌아가는 일은 점점 더 어려워지고 있다. 그나마 정년을 보장하는 경력직 공무원으로 채용되면 이런 불안을 조금 덜어낼 수 있으리라 예상된다. 중요한 것은 공공 기관의 내부에서 이에 반대하는 힘이 작동한다는 것이다. 현재 공무원만으로도 이미 인사 적체가 심한데, 의사를 경력직 공무원으로 채용하면, 일반적으로 4, 5급으로 채용하게 될 텐데 그만큼 승진 TO가 더 줄어들기 때문이다. 승진 적체는 그 밑으로 전파되는 성향이 있어, 조직 모두가 이에 반대하는 것이 현실이다. 이런 이유로 의사를 비롯한 민간 전문가는 임기제로 채용하게 된다. 개방형 직위라는 제도나 경력직 공채라는 제도가 있긴 하지만, 이를 적용할지 판단하는 것도 공무원이다. 임기제 공무원들이 처음 접하는 행정 시스템을 무기 삼아 늘공(경력직 공무원)들은 의사를 금방 갈 사람, 즉 어공(어쩌다 공무원)으로 취급하며 단순 기능직 공무원으로 의료를 기술자들의 업무라는 관점으로, 이를 공무원인 자신들이 관리한다고 관점에서 생각하니 서로 간에 엇박자가 나고 효율성과는 멀어지게 된다. 이런 행태는 시스템의 측면으로만 본다면, 사무장병원과 다를 바 없다.

 현재의 문제점을 그대로 둔 채 원인을 다른(원인에서 빗겨나지만, 잘 드러나는) 곳에서 찾는다면, 이 또한 '의학전문 대학원'처럼 실패한 정책이 될 것이 자명하다. 공공의대를 설립한다손 치더라도, 교실만 지으면 되는 것이 아니기에, 이를 위한 준비기간이 필요하며 설립 후에도 10년 이상의 교육과정이 지나야 의사가 배출되는 장기적인 프로세스이다. 다른 방법이 아예 없는 것도 아니다. 단기간에 경험 있는 의사가 현장에 투입되는 방안도 얼마든지 고안해 낼 수 있다. 정치인들의 지역 공약으로 소모되는, 그러나 실제로는 당장의 효과를 장담할 수 없으며, 자칫 시장을 교란하는 잉여 의료인력을 생산할 수 있는 무모한 제도에 비하면 실효성과 즉시성 등, 현재 공공 의사가 부족하다고 주장하는 모든 문제에 실질적인 도움이 될 수 있는 선택지는 충분히 있다. 공공의대 출신의 의사들이 배출되기 전까지 손 놓고 있지 말고, 이런 대안들을 선행하는 것이 당연하지 않을까.

 (불만은 됐고) 그래서 대안이 뭐냐고 묻는다면, 공공의대보다 경제적이며 즉각적인 해결 방안으로 몇 가지를 생각할 수 있다.
① "공공 의무 경력경쟁 채용"이라는 구실로 공모를 시행하여 의사직을 경력 채용 방식으로 선발하고, 정년을 보장할 수 있다. 의대 교수(교육직 공무원)와 같은 65세로 정년을 연장하는 방안도 검토할 필요가 있다. 현재 의사는 보건직 5급 사무관으로 공채되어 보건 행정업

무에 투입되고 있다.

② 각 행정부처의 국립병원과 의료원을 통합하고 조정하여 운영을 일원화해야 한다. 지자체가 운영하는 의료원과 공공병원에 더해, 행정부의 경찰병원과 소방병원, 교육부의 지역별 국립대 병원, 국가 보훈부의 보훈병원, 질병관리청과 보건복지부의 국립병원, 산하 적십자 병원과 혈액원 등 여러 부처에서 병원이 운영되고 있어 인력 운영의 효율성이 저하되고 있다. 하지만, 부처 이기주의 때문에 통합과 조정은 쉽지 않을 것이다.

③ 지방자치단체는 필요한 의사 인력(보건소장, 지소장, 의무직 공무원)의 수요를 직위별로 인사혁신처에 요청하고, 이를 바탕으로 (1)의 과정을 통해 선발하여 공무원으로 가져야 할 기본적인 지식과 전직을 위한 기본 집합 교육을 시행한다. 의료의 전문가이지만, 공무원으로서의 행정을 익혀 의료행정의 전문가로 거듭나는 교육이 필요할 수 있다.

④ 배치에 대해서는 임용시험 과정에서 추가적인 공모를 시행하거나, 현 공중보건의사 교육과 유사하게 집단교육 후 지원 및 성적에 따라 인력을 분배할 수 있다.

⑤ 경우에 따라 5급 공개채용과 유사한 시보 제도의 도입을 고려할 수 있다.

⑥ 현재 시범적으로 시행되고 있는 시니어 의사 제도를 지원자의 요구에 맞춰 일부 보완하는 것도 긍정적인 대안이 될 수 있다.

⑦ 간호사관학교와 유사한 개념의 '의무사관학교'를 하나의 대안으로 제시할 수 있다. 이름이야 어찌하든, 경찰대학과도 유사한 개념으로

볼 수 있다. 군의관 부족 문제를 근본적으로 해결하는 것은 물론이고, 일부 정책을 보완함으로써 공공의대에 대한 대안으로 발전할 수 있을 것이다. 이들의 교육과 실습은 통합되어 일원화된 국립병원, 공공(지방) 의료원이 맡을 수 있을 것이다.

다시 강조하건대, 지역 내 의사의 부족 문제는 대한민국 모든 의사가 단순히 금전적 이익만을 추구하는 데서 비롯된 것이 아니라, 인구 불균형이 주요 원인이다. 수도권에 인구의 절반이 집중되어 있는 상황에서, 환자의 절반도 서울에 몰리는 것이 문제의 본질이다. 불균형적인 분포 때문에, 환자 밀도가 높은 수도권은 대기시간이 길어져 의사가 부족하다는 결론에 다다른다. 밀도가 낮은 지방엔 병원의 수가 인구 밀도만큼 적을 수밖에 없고, 큰 규모의 병원이 없어 당연히 의사가 부족하다는 결론에 도달한다. 수도권에 의사가 없고, 지방도 의사가 없으니, 의사를 더 증원하는 것은 너무도 당연해 보인다. 그러니 이게 개혁이라고 말한다. 하지만, 수도 이전은 이미 2004년에 실패했고, 지방균형발전은 대한민국 절반(수도권)의 인구가 반대하는 일로 수십 년간 이뤄내지 못한 일이다. 이에 비해 의대 증원은 앞서 말한 논리로 모두 쉽게 설득 가능하고, 싫어할 사람이 없는 일이다. 선거가 다가오고 있으며, 이러한 주장은 개혁으로 비칠 수 있다. 정치의 본질은 이와 같은 방식으로 작동한다.

7 공공의료의 발전사*

생각해 보면, 공공의료를 둘러싼 이러한 혼란은 대한민국의 의료 역사에 비추어 볼 때 당연한 결과라 할 수 있다. 짧은 역사에 비해 훌륭하게 발전해 왔다는 점은 누구도 부인할 수 없다. 근대의학의 본산인 선진국의 사례를 맹목적으로 모방하여 정책을 도입하려는 일차원적인 접근은 필연적으로 실패할 수밖에 없다는 점도 경계해야 한다. 우리는 우리 의료 역사와 선진국의 역사 또는 환경을 비교하여 그 차이를 인식하고, 그에 맞는 구조와 맥락에 따라 선택적으로 정책을 도입할 필요가 있다. 마지막으로 우리나라 의료정책, 특히 근대국가로의 전환과정에서 겪은 일제강점기와 한국전쟁, 개발도상국으로의 발전과 선진국으로 진입으로 이어지는 백여 년의 공공의료의 변천사를 간략히 정리하

---

* 대한예방의학회. [예방의학과 공중보건학] 4(1). 계축문화사. 2021.3, 42~45p. 요약, 정리하였다.

는 것도 그 의미가 크겠다. 앞서 다뤘던 소록도의 역사와 겹쳐보일 것이다.

대한제국 시대(1897~1910)

조선 말기 청나라의 간섭에서 벗어나 완전한 독립국을 표방하며 한국은 국호를 대한제국으로 변경하고 새로운 출발을 하였다. 1896년 6월, 내령 제17호에 의해 각 지방에서 종두 세칙이 공포되었고, 여러 가지 전염병의 유행에 따라 전염병 예방 규칙이 공포되어 새로운 보건 사조의 선두 주자가 되었다. 1908년 4월에는 경시청령 제2호로 제세 규칙이 공포되었으며, 같은 해 9월 서울 시내 오물 청소에 관한 규정이 제정되었다. 또한, 1899년 3월 칙령 제7호에 따라 의학교 관제가 공포되었고 신의학교육이 시작된 가운데 지석영이 초대 교장으로 임명되었다.

국권피탈 시대(1910~1945)

일본 강점 아래의 한국 의료는 한국, 미국, 일본 의학이 병행하여 적용된 상황이라 할 수 있다. 그러나 일본 의학의 시행은 식민지 정책에 따라 일본인 거주민의 보호를 중심으로 이루어졌으며, 그 내용은 의료

사업에 국한되었다. 의료행정은 총독부 경무 총감부의 위생과에서 관장하여 경찰에 의한 식민지 보건 행정이 실현되었다. 이 시기에 중점적으로 추진된 보건의료 사업은 각종 전염병 예방 사업으로, 특히 9종의 법정 전염병을 정하고 이들의 예방, 관리, 소독을 엄격히 시행하였다. 전염병 예방법 관련 규칙으로는 1915년의 전염병 예방법 및 청결 방법, 소독 방법에 관한 규칙, 1918년의 폐결핵 예방에 관한 규칙, 1919년의 학교 전염병 예방 및 소독 방법에 관한 규칙 등이 있다. 이들 정책은 인도적 차원에서 실행된 보건 정책으로 볼 수 있으나, 실제로는 전문 지식이 부족한 위생 경찰에 의해 수행되었고, 주로 조선에 거주하는 일본인들에 대한 의료서비스 제공이 주요 목적이었기에 식민정책의 일환으로 작용하였다.

대한민국 시대(1945~)

1945년부터 1961년까지의 기간 동안 의료 제공 체계와 보건의료 제도는 대부분 방치되었으나, 의학 및 의료 기술 분야에서는 상당한 발전이 이루어졌다. 이 시기의 보건의료는 미국의 영향을 가장 크게 받았다. 해방과 함께 남한에 진주한 미군은 1945년 9월, 법령 제1호에 의거하여 위생국을 설치하고 총독부의 경무국 위생과를 폐지하였다. 같은 해 10월, 법령 제18호에 따라 위생국은 보건후생국으로 개편되었으며, 이후 1946년 3월에는 보건후생국으로의 변경이 이루어졌다. 또한, 1945년 11월 각 도에 보건후생부가 설치되었으나, 1946년 10월에 도 보건후생부는 보건후생국으로 전환되었다. 미군정 시기의 보건후생부는 규모, 인원 및 예산 면에서 다른 부처들보다 뛰어난 수준이었으나, 1947년 5월 과도정부 수립 이후 대규모 조직 축소가 단행되었다.

1948년 대한민국 정부가 수립된 이후, 7월 17일 제정된 정부조직법에 따라 기존 보건후생부는 사회부의 1개 국으로 축소되었고, 이에 따라 보건 행정은 다시 후퇴하였다. 그러나 1949년 3월 정부조직법 개정에 따라 보건부가 독립하여 의정, 약정 및 방역의 3국을 두게 되었다. 그러나 도 보건기구는 사회행정 담당으로 남아 있었다. 이후 1955년 2월 정부조직법 개정에 따라 보건부와 사회부를 통합한 보건사회부의 직제가 공포되었으며, 1994년에는 보건복지부로 명칭이 변경되었다. 2008년에는 보건복지가족부로, 2010년에는 다시 보건복지부로 개칭되었다.

국민의료법(1951년), 해 공항 검역법, 전염병예방법(1954년), 보건소법(1956년) 등이 제정된 후, 1961년을 기점으로 보건의료의 법체계가 정비되기 시작하였다.

1961년 오물 청소법 등 위생 관련 법규가 제정되었고, 1962년에 의료법이 전면 개정되었으며, 보건소법도 개정이 이루어졌다. 1963년에는 사회보장법, 공해방지법, 산업재해보상보험법이 제정되었고, 전염병예방법에 따라 예방접종 의무화와 의료보험법 제정 등의 법적 정비가 이뤄졌으며, 산업화에 따른 공해 문제가 주목받으면서 1971년 공해방지법, 1977년 환경보전법이 제정되고, 1980년에는 환경청이 설치되었다. 1990년에는 환경처로, 1994년에는 환경부로 승격되었다.

해방 직후 미군정의 시행으로 1945년 군정법령 제1호에 의해 1946년 서울에 모범보건소가 설치되었고, 이에 따라 보건소가 현재까지 공공보건 의료 체계의 주요 축을 이루게 되었다. 정부는 1951년 9월 전국에 500개의 보건진료소를 설치하여 보건사업과 일부 진료사업을 병행하였다. 이후 1953년 농촌지역에 보건소와 보건지소가 설립되었으나, 정부의 지원이 미비하고 인력 확보가 어려워 제 기능을 다하지 못하였다. 1956년 보건소법이 제정되어 시 및 도 관할 보건소가 설치되었으며, 1962년 보건소법의 전면 개정으로 오늘날의 시 및 군 보건소가 출현하게 되었다. 이를 통해 도시에는 인구 10만 명당 1개의 보건소가 설치되었고, 농촌지역에는 군 단위에 1개의 보건소가 설치되는 조치가 취해졌다. 또한 1969년부터는 읍 및 면에 보건지소를 설치하여 업무를 수행하도록 하였다. 그러나 보건소와 보건지소는 인력 확보의 어려움과 시설 부족으로 인해 설립 목적을 충실히 이행하지 못하였다. 1980년대 후반부터는 보건소와 보건지소의 시설, 장비 및 인력이 대대적으로 보강되었다. 1995년 지방자치제가 시행되면서 보건소법은 지역보건법으로 대체되었으며, 지역보건법은 중앙정부가 보건사업을 계획하여 지방으로 하향식으로 내려보내는 방식에서 벗어나, 기초자치단체가 지역의 보건사업을 계획하여 중앙정부로 상향식으로 보고하고 검토를 받아 실시하는 방식으로 전환되었다.

국가의 보건 계획 및 보건정책 수립에 이바지하고자, 1976년 4월에 한국 보건 개발 연구원이 설립되었다. 이 기관은 도시와 농촌 간 의료 불균형 해소를 위해 간호사를 단기 교육하여 보건진료원으로 활용하는 방안을 시범적으로 시행하였으며, 1978년에는 농촌 보건의료 문제 해결을 위한 국민의료 특별조치법이 제정되었다. 이 법에 따라 군의관과 치과 군의관의 일부가 공중보건의와 치과 공중보건의로 농어촌 지역의 보건소와 보건지소에 배치됨으로써, 오랫동안 해결되지 않았던 무의촌 문제가 해결되었다. 또한, 1980년 12월에는 농어촌 보건의료를 위한 특별조치법(1991년 농어촌 등 보건의료를 위한 특별조치법으로 개정)이 제정되어 한국 보건 개발 연구원의 시범 사업을 기반으로 보건진료원 제도가 전국적으로 확대 적용되기 시작하였다. 이러한 노력의 결과로, 2019년 기준으로 256개의 시, 군, 구 보건소(16개의 보건의료원 포함)와 1,340개의 보건지소, 1,904개의 보건진료소, 64개의 건강생활지원센터가 운영되고 있다.

가족계획 사업은 제1차 경제개발 5개년 계획 당시부터 국책의 일환으로 시행됐으며, 이는 사회 빈곤의 원인이 자녀 수의 많음에 있다고 판단하여 출산율 감소를 통해 적정 규모의 가족 경제를 유지하고 양질의 노동력을 확보하려는 의도가 컸다. 1961년 대한 가족계획협회가 발족하여 전국 어머니회를 조직하고, 이들로 하여금 가족계획 사업에 참여하도록 유도함으로써 큰 성과를 끌어냈다. 이는 민간 단체가 보건사업에 참여한 시초라고 할 수 있다. 가족계획 사업과 사회, 경제 개발사업의 성공으로 인해, 합계 출산율은 1983년 인구 대체 수준인 2.1

이하로 감소하기 시작하였고, 계속해서 출산 억제를 위한 출산 조절 사업으로의 전환이 이루어졌다. 이에 따라 1999년 2월 협회의 명칭이 재한 가족 보건복지 협회로 변경되었다. 2000년대에 들어 출산율이 더욱 급격히 감소함에 따라 출산 장려 정책이 시행되었고, 2006년 1월에는 인구 복지 협회로 다시 명칭이 변경되었다.

결핵 사업은 1952년부터 전국 각 시도에 결핵 예방 대책으로 BCG 접종팀이 구성되어 초등학교 아동 및 미취학 아동을 대상으로 대대적인 BCG 접종 사업이 추진되었다. 1953년에 발족한 결핵협회의 협력으로 전국적인 활동이 시작되었으며, 1965년의 전국 결핵 실태 조사에서 유병률이 5.1%에서 1995년 1.0%, 2007년 0.29%로 격감하였으나, 여전히 선진국에 비해 높은 비율을 유지하고 있다. 세계보건기구가 발표한 세계 결핵 현황 보고서에 따르면, 한국의 2018년도 결핵 발생률은 66명(10만 명당), 결핵 사망률은 4.8명(10만 명당)으로 OECD 회원국 중에서 발생률 1위, 사망률 2위를 차지하고 있다.

1963년에 의료보험법이 제정되었으나, 강제 가입 방식이 아닌 임의 가입 방식을 채택하여 실질적인 효과를 거두지 못한 채 1977년 이후 의료보장제도가 점차 성숙해 나갔다. 정부는 1977년 제4차 경제개발 5개년 계획에서 사회개발에 중점을 두었으며, 그중 가장 먼저 다룬 과제가 의료비 부담 경감을 위한 의료보호 및 보험 사업이었다. 의료보호는 1977년 1월 생활보호법에 근거하여 우선 시행되었고, 12월에는 별도로 의료보험법이 제정, 공포되었다. 의료보험은 1977년 7월부터 500인 이상의 근로자를 대상으로 강제 적용되었으며, 1979년 1월부터는 공무원과 사립학교 교직원에 대한 의료보험제도(공, 교 공단)가 실시되었다. 1981년부터 지역 의료보험에 대한 시범 사업이 실시된 후, 1988년 1월부터 전국 농어촌에서 지역 의료보험이 시행되었으며, 1989년 7월부터는 도시 지역 의료보험이 실시되어 제도 도입 12년 만에 전 국민 의료보험 시대가 열리게 되었다.

전 국민 의료보험 도입 이후, 특히 지역 의료보험에서 여러 문제점이 나타났다. 조합 간 재정력의 격차, 농어민에 대한 과중한 보험료 부담, 국고 지원 규모의 증가 등이 그 예이다. 1994년 의료보장 개혁위원회와 1997년 의료 개혁위원회에서 다각적으로 논의된 결과, 1998년 10월 1일 지역 의료보험 조합과 공, 교 공단이 통합되었고, 1999년 1월에는 예방의료서비스를 포함하는 국민건강보험법이 국회에서 통과됨으로써 2000년 7월 1일부터 조직적으로 통합된 의료보험 체계가 출범하였으며, 2003년 7월에는 재정 통합이 완전히 이루어졌다. 이후 2008년 7월부터는 노인 장기 요양보험이 시행되었고, 2011년 1월부터는 사회보험(건강보험, 국민연금, 고용보험, 산재보험) 징수 통합이 이루어졌다.

의료보험 시행으로 인해 의료서비스 이용에 대한 경제적 장벽이 낮아지면서 의료 수요가 급격히 증가하였다. 급증하는 의료 수요를 감당하기 위해 의과대학, 치과대학, 간호대학 등 의료 관련 대학이 늘어나

1970년대 초기까지 의과대학 수가 8개에서 1990년대에는 41개로 증가하였다. 동시에 의료기관도 급증하였다. 의료 이용량의 증가로 국민 의료비가 급격히 증가하여 의료비 증가 억제와 의료 질 관리가 중요한 과제가 되었다.

1995년에 국민건강증진법이 제정되고, 의료보험이 국민건강보험으로 변경됨에 따라 이전의 질병 치료 중심에서 예방 및 건강증진 중심의 시대로 변화하게 되었다. 또한 보건소법이 지역보건법으로 전면 개정(1995년)되어 각 지방자치단체는 지역 보건의료 계획서를 4년마다 수립하여 보건 시책을 효율적으로 추진하고 국민건강 향상에 이바지하게 되었다. 2000년에 '공공보건의료에 관한 법률'이 제정됨으로써 공공보건의료기관의 역할이 확대되었다. 이 법에서는 공공보건의료를 "공공보건의료기관이 국민의 건강을 보호하고 증진하기 위해 수행하는 모든 활동"으로 정의하고 있다. 또한 2000년에는 보건의료기본법, 구강보건법, 국립암센터법 등이 공포되었다.

저자의 말

―

지금까지 소록도와 한센병을 이야기하는 많은 이들이 있었다.

사회학자, 인문학자, 국문학자와 작가들이 고맙게도 질병으로 고통받은 약자의 소외와 차별, 박해에 대해 다양한 이야기를 들려줬다. 그런 노고들 덕에, 소록도는 소외와 차별, 질병, 인권, 박해 같은 의미의 상징으로 알려졌다.

'한센병'에 관한 이야기, '환자'에 관한 이야기는 그 특수성이 더해져 잘 소비된 것도 사실이다.

필자는 점점 거창해지고 무거워지는 전개에 거리감이 느껴졌다. 한 번에 한 명씩만 치료하는 과정에 익숙한 탓일 것이다. 그래서 막연히, '그냥 사람'을 더 이야기해야 할 것 같아 이 작업이 시작되었다. '여기' 사는 한 명의 '사람'이, 곧 이곳의 역사일 테니까.

의사와 관료들, 또는 지도자층의 환자에 의해 기술된 이야기. 그러니까 권력자의 횡포, 권력에 대한 대립과 충돌, 새로운 권력의 등장, 시대 상황에 따른 권력의 변화와 같은 소록도를 지배했던 사람들의 이야기는 소록도의 '역사'이지 소록도의 진짜 이야기가 아니지 않나, 하는 생각을 했던 것 같다.

말 그대로, '사람'으로서 이곳에 생존해 온 이들의 이야기를 알리고 싶은 욕심이었다. 그러기 위해 이들을 이해해야 했고, 이들의 이야기를 들어야 했다. 그 사연들 속에 권력자의 자리에서 의사의 일보다 관료의 일을 했던, 선배들의 모습이 자꾸 맘에 걸렸다.

환자를 위해 했다는 일들, '당신들의 천국'이라 약속했던 일들을 반성하고 싶었다. 그런 반성들이 없어, 관성적으로 관료주의적 의료로 진화되었고, 결국 오늘의 의료사태를 촉발한 (공공)의료의 왜곡에 이르렀다는 생각 때문이다. 지난 4년간 공공의료의 현장에서 느낀 바와 생각들을, 필자 스스로 레퍼런스가 되어 문제점과 해결책도 제안했다. 이게 정답일 리 없다. 하지만, 지금 이대로가 정답이 아닌 것만은 확실하다.

그러니까 책에서 말하고자 하는 바는, 이 모든 것에 대한 반성이자 회한이다.

"아으, 소록도!"